나 혼자만 알고 싶은 영어책

나 혼자만 알고 싶은 영어책

피유진 지음

서 사 원

서문

이 책은 아이들을 위한 영어 학습서가 아님을 먼저 밝힙니다. 적어도 현재 자신의 상태와 상황, 목표에 관해 깊게 고찰할 수 있는 청년과 성인을 위한 학습서이니 그 용도에 맞게 사용해주시고, 아이들이 사용할 경우 선생님이나 부모님의 지도가 필요합니다.

이 책은 알파벳을 비롯하여 기초적인 영어 단어 이외 영어에 관한 어떤 지식도 없는 분들을 대상으로 만들었습니다. 영어 공부를 꽤 해보신 분들은 영문법 책을 보면서 그 책에 없는 파트를 골라내어 '완벽한 책이 아니다'라는 말을 하기도 합니다. '이 책에는 가정법이 없네?', '이 책에는 관계사를 설명하지 않네?'라는 말을 하며 영문법 책이 완벽하지 않다고 불평하는 경우도 있습니다. 이 세상에는 영어 문법의 '모든 팩트'를 한 권으로 담아낸 책은 없습니다. 심지어 영어학 전공자가 보는 문법 관련 도서도 각각 담고 있는 내용이 상이합니다. 따라서 문법책을 고를 때는 '이 책이 이 세상 문법 지식을 모두 담고 있는가'를 따지기보다는 '이 책이 나의 지금 수준에 부합하는가, 그리고 다음 단계로 성장하기 위한 좋은 교재가 될 수 있는가'를 생각해보는 게 좋습니다.

저는 지난 10년 동안 수백 명의 학생들과 1만 시간 이상 1대 1 영어 수업을 진행했습니다. 제가 본 학생 중 이미 유학 경험이 있거나 어릴 때부터 꾸준히 영어를 접해온 학생들은 쉽게 영어 실력을 높였습니다. 하지만 성인이 된 후 다시 처음부터 영어를 배워보려고 하는 소위 '성인 영포자'에게 교육계와 출판계는 너무 무관심했습니다. 바른독학영어 블로그를 통해 '원서 읽기'와 '미드 쉐도잉' 등 여러 공부법을 소개해주고 보니 '영포자'라고 불리는 학생들이 눈에 들어왔습니다. 기초가 없는 학생들은 어떤 좋은 방법을 알려줘도 혼자서 해내기 힘듭니다. 실제로 학생들과 함께 서점에 가서 책을 골라봤지만 '기초'나 '기본'이라고 이름이 붙은 책도 성인용은 생각보다 수준이 높았습니다. 그렇다고 유아용 도서를 억지로 볼 수도 없는 노릇이었습니다. 그래서 이 책을 만들게 되었습니다. 기초 실력이 전혀 마련되어 있지 않은 상태에서 영어라는 언어를 살짝 구경해보고, 또 이 책을 다 학습한 후 영어 원서를 읽어보고, 드라마나 기타 리소스를 활용하여 스스로 공부해나갈 수 있도록 단단한 발판이 되어드리고 싶었습니다.

저는 '영포자'라는 말이 담고 있는 기존의 의미를 별로 좋아하지 않습니다. 영포자는 '영어 포기자'가 아니라 '영어를 포기하게 하는 자', 그러니 학생이 아닌 선생에게 붙어야 하는 불명예스러운 줄임말이 아닌가 자주 생각해 봅니다. 지금 이 책을 펼쳐 드신 분이 자신을 '영포자'라고 생각하신다면 이 단어의 의미를 다시 한번 생각해보세요. 영어를 포기한 이유는 우리가 못난 사람이어서가 아닙니다. 짧다면 짧고 길다면 긴 인생의 어느 한 지점에서 우리를 '포기하게 만든 자'가 분명히 있었습니다. 그 사람의 이름이 무엇인지, 그리고 얼굴은 어떻게 생겼는지, 혹은 특정 인물이 아니라면 그때 상황은 어땠는지 다시 한번 떠올려 보세요. 그리고 영어를 포기한 이유가 우리 탓이 아닌 외부 요인이라는 것을 이해해보세요. 그러면 마음이 한결 가벼워지실 겁니다. 만약 이 책으로 아이들을 지도하게 된다면 이 점도 꼭 기억해주세요. 이 책을 이용해서 수업하시거나, 자녀를 지도하신다면 '아이들의 영어 실력을 올리고, 글로벌 인재로 키우겠다'는 마음보다는 '배움에 두려움이 없는 아이'로 성장하는 것을 돕겠다는 걸 먼저 목표로 삼아주세요. 또한 성인용으로 쓰인 책이니 아이들이 쉽게 지루해할 수 있습니다. 이 책을 강요하기보다는 제 나이에 맞는 동화책을 선물하시길 당부드립니다.

집필하며

지금 저는 거실 한쪽의 흔들의자에 둥지를 트고 글을 쓰고 있습니다. 저는 일을 하다 고되면 여기에 앉아서 '멍 때리기'를 즐깁니다. 특히나 저녁 시간에는 조명만 하나 켜두면 조용하고, 적당히 어둡고, 그리고 무엇보다 집중하기 좋거든요. 앞으로 써나갈 이야기에 기대도 되고 걱정도 되지만 그래도 매일 퇴근하고 한두 시간 정도 글을 써보려고 합니다. 꾸준히 쓰면 다 쓸 수 있겠지요. 제가 꾸준히 집필에 힘쓴 것처럼 독자분들도 꾸준히 공부해나갈 수 있기를 진심으로 기원합니다. 그럼 행운을 빕니다.

끝으로
2016년 한겨울밤 결심으로 만들게 된 소중한 강의 자료가 책으로 나왔습니다. 강의 노트 제작 당시 자칭 기니피그가 되어주신 제이미 님께 감사를 표합니다.

예상 독자

이 책의 예상 독자는 다음과 같습니다.

1. 'bee', 'tree', 'agriculture', 'heritage'와 같은 단어, 또는 'What are you up to?', 'This water tastes like lemon.'과 같은 문장을 곧바로 해석하거나 말할 수 없는 분들을 위한 책입니다. 나혼영<순한 맛>은 **아주 쉬운 단어도 곧바로 발화할 수 없고, 간단한 문장도 빠르게 읽거나 말할 수 없는 분들을 위한 워크북**입니다. 생각보다 많은 분들이 기본적인 단어를 적재적소에 생각해내지 못하여 말하기와 글쓰기에 어려움을 겪습니다. 각 챕터에서 소개하는 단어를 반복 학습하여 기억하고, 'Exercise' 구간을 활용하여 단어의 쓰임을 직접 보실 수 있기를 바랍니다.

2. **가장 쉬운 영문법 책**을 찾는 분들을 위한 책입니다. 알파벳만 알고 있는 상태에서 앞으로의 영어 공부 계획을 세우지 못하고 있는 분들을 위한 좋은 길잡이입니다.

3. '왕기초'나 '영포자' 용 책도 너무 어려운 분들을 위한 책입니다. '기초용'이라는 이름이 붙었음에도 불구하고 많은 문법 용어를 소개하고, 진도가 나갈수록 급격히 난이도가 올라가는 책들이 많습니다. 영어 초보분들을 만나면 주로 이런 제목이 붙은 책을 최소 서너 권 이상씩 가지고 계셨습니다. 주로 앞 20~30페이지만 본 흔적을 찾아볼 수 있는데, 나혼영<순한 맛>은 **처음부터 끝까지 포기하지 않고 학습할 수 있는 쉬운 책**입니다.

4. **자녀와 함께 영어를 공부하는 부모님들을 위한 책**입니다. 엄마표 혹은 아빠표 영어를 실행하시면서 부모님도 함께 영어 공부를 하고 싶은 경우 적절한 도서입니다.

5. **내 마음대로 꾸밀 수 있는 책**입니다. 출판 이전 프린트물로 나혼영<순한 맛>을 함께 공부하던 학생들에게 많은 피드백을 받았습니다. '잘 펴지는 책으로 만들어 주세요!', '펜으로 필기해도 번지지 않게 해주세요!', '나만의 영어 사전이나 다이어리를 만들 수 있도록 심플하게 디자인해주세요!' 등 많은 요청을 받아 세상에 나온 책입니다. 다양한 색의 형광펜이나 각종 펜, 스티커 등을 이용해서 학습해보세요. 책을 모두 보고 난 후에는 세상에 단 하나뿐인 나만의 책이 탄생할 겁니다.

책 사용법

1. 영어는 철자를 보고 상상할 수 있는 발음과 실제 발음이 상당히 다릅니다. 단어를 보고 마음대로 상상해서 읽지 않도록 합니다. 사전이나 *퀴즈렛을 이용하여 '들은 대로 따라 하기'에 집중해야 합니다. 간혹 '발음은 버리고 일단 영어 단어부터 외우고, 말부터 할 줄 알게 된 다음에 발음을 고쳐도 된다'고 주장하는 사람이 있습니다. 하지만 영어 발음은 입과 혀의 습관으로 굳어지고, 잘못된 발음으로 학습한 후 일일이 새로 단어의 발음을 나중에 학습한다는 건 굉장히 효율이 떨어집니다. 따라서 **발음을 녹음해서 직접 들어보며 확인**하세요. 발음과 듣기 실력은 닭과 알의 관계와 같습니다. 발음을 못 하면 안 들리고, 안 들리면 제대로 발음할 수 없습니다. 많이 듣고, 또 많이 따라 해보세요. 혼자서 말할 때 발음을 확인해보고 싶다면 녹음기를 적극적으로 활용하시면 됩니다.

   * 바른독학영어 나혼영<순한맛> 퀴즈렛 클래스
   QR코드 https://quizlet.com/class/12121017

✎ 퀴즈렛은 무료 버전과 유료 버전이 모두 제공되니 퀴즈렛 사이트의 안내를 읽어보신 후 무료 또는 유료로 선택하여 학습하세요. 본 교재를 효과적으로 사용하기 위해서는 무료 버전으로도 충분합니다!

✎ 본 도서는 답지가 없습니다. 사전이나 번역 앱(ex. 네이버 파파고)의 도움을 얻으면 충분히 해석할 수 있는 문장만 수록하였으나 정확한 답안을 확인하고 싶은 경우 '바른독학영어 퀴즈렛 클래스'에서 확인해주세요.

2. 영어 발음은 큰소리로 연습하셔야 합니다. 속삭이듯 말하기보다는 실제로 타인과 대화할 때의 데시벨, 혹은 그 이상으로 큰 소리를 내서 정확히 발음하는 연습을 해보세요.

3. 영어를 처음 시작하는 분들은 교재를 풀어나가면서 틀리고, 또 틀리는 날이 계속될 겁니다. 하지만 매일 틀린다는 건 계속 시도하고 있고, 또 점점 잘하게 될 거라는 증거일 뿐입니다. 걱정 마세요. 이 책은 당장 어떤 효과를 내는 인스턴트 도서가 아닙니다. 원서를 비롯한 다양한 영어 학습 리소스를 손쉽게 활용할 수 있는 기초 실력을 마련해 주기 위한 도서이니 책 마지막 부분의 '진도가 모두 끝났습니다. 이제 어떻게 공부해야 할까요?'를 반드시 참고해 주세요.

4. 본 도서에는 다른 책이나 서비스를 많이 소개합니다. 바른독학영어를 처음 만나는 분들에게는 자칫하면 유료 광고로 보일 수 있는 위험이 있어 항상 조심스러운 마음입니다. 제가 운영하고 있는 블로그, 유튜브 채널, 그리고 집필한 책에서 소개하는 모든 서비스와 책은 유료 광고를 포함하고 있지 않으며, 앞으로도 포함하지 않을 예정입니다. 소개된 책과 서비스는 소개를 바탕으로 직접 살펴보신 후 구매하시기 바랍니다.

CONTENTS

50일 계획표

영어 공부를 막 시작하는 초보자에게 안성맞춤인 50일 계획표입니다.

DAY 1	DAY 2	DAY 3	DAY 4	DAY 5
1. Nouns 명사 챕터 1 DATE, DAY, SEASON, TIME	1. Nouns 명사 챕터 2 TOWN, HOUSE, ROOM (pencil ~ granddaughter)	1. Nouns 명사 챕터 2 TOWN, HOUSE, ROOM (son ~ footwear)	1. Nouns 명사 챕터 2 TOWN, HOUSE, ROOM (running shoes ~ toy)	1. Nouns 명사 챕터 3 COUNTRY, POLITICS, CIVILIZATION (Korea ~ authority)
DAY 6	**DAY 7**	**DAY 8**	**DAY 9**	**DAY 10**
1. Nouns 명사 챕터 3 COUNTRY, POLITICS, CIVILIZATION (prince ~ century)	1. Nouns 명사 챕터 3 COUNTRY, POLITICS, CIVILIZATION (custom ~ treasure chest)	1. Nouns 명사 챕터 3 COUNTRY, POLITICS, CIVILIZATION (hunting ~ letter)	1. Nouns 명사 챕터 4 PEOPLE ~ BEHAVIOR (person ~ case)	1. Nouns 명사 챕터 4 PEOPLE ~ BEHAVIOR (clipboard ~ racism)
DAY 11	**DAY 12**	**DAY 13**	**DAY 14**	**DAY 15**
1. Nouns 명사 챕터 5 FIGURE, SHAPE, SPECIAL CHARACTERS ((plane) figure ~ rainbow)	1. Nouns 명사 챕터 6 CLASSROOM ~ COMMUNICATION (classroom ~ proverb)	1. Nouns 명사 챕터 6 CLASSROOM ~ COMMUNICATION (wisdom ~ clay)	1. Nouns 명사 챕터 6 CLASSROOM ~ COMMUNICATION (image ~ semester)	1. Nouns 명사 챕터 7 CULTURE, SPORTS, GENRE, RELIGION (culture ~ gymnast)
DAY 16	**DAY 17**	**DAY 18**	**DAY 19**	**DAY 20**
1. Nouns 명사 챕터 7 CULTURE, SPORTS, GENRE, RELIGION (team ~ clapperboard)	1. Nouns 명사 챕터 8 NATURE, ANIMALS, GARDEN, WEATHER (flower ~ rainbow)	1. Nouns 명사 챕터 8 NATURE, ANIMALS, GARDEN, WEATHER (raincoat ~ monster)	1. Nouns 명사 챕터 8 NATURE, ANIMALS, GARDEN, WEATHER (trap ~ cicada)	2. Articles 관사 Pencil ~ House
DAY 21	**DAY 22**	**DAY 23**	**DAY 24**	**DAY 25**
2. Articles 관사 Window ~ Doctor	2. Articles 관사 Nurse ~ Astronaut	3. Adjectives 형용사 문제부터 풀어볼까요?	3. Adjectives 형용사 Pencil ~ Breakfast	3. Adjectives 형용사 Town ~ Clown
DAY 26	**DAY 27**	**DAY 28**	**DAY 29**	**DAY 30**
3. Adjectives 형용사 Pocket watch ~ Tool	3. Adjectives 형용사 Hunter ~ Star	3. Adjectives 형용사 Rain ~ Insect	3. Adjectives 형용사 Pencil ~ Diaper 문장	3. Adjectives 형용사 Skirt ~ Breakfast 문장
DAY 31	**DAY 32**	**DAY 33**	**DAY 34**	**DAY 35**
3. Adjectives 형용사 Town ~ Chair 문장	3. Adjectives 형용사 Doll ~ Prince 문장	3. Adjectives 형용사 Friend ~ tool 문장	3. Adjectives 형용사 Hunter ~ Weather 문장	3. Adjectives 형용사 Flower ~ Moon 문장
DAY 36	**DAY 37**	**DAY 38**	**DAY 39**	**DAY 40**
3. Adjectives 형용사 Star ~ Insect 문장	4. Prepositions 전치사 at 콕! 찍어 말할 때 (장소) ~에 at 콕! 찍어 말할 때 (시간) ~에	4. Prepositions 전치사 in 쏙! 안에 있는 (장소) ~에 on 착! 달라붙어 있는 ~(위)에	4. Prepositions 전치사 in front of ~앞에 behind ~뒤에	4. Prepositions 전치사 near 가까이에, opposite 맞은편에 over 너머에, under 아래에
DAY 41	**DAY 42**	**DAY 43**	**DAY 44**	**DAY 45**
4. Prepositions 전치사 beside 옆에, next to 옆에 between ~사이에 among ~사이에	4. Prepositions 전치사 before ~전에, after ~후에 for ~를 위해, ~동안에	4. Prepositions 전치사 during ~동안 against ~에 맞서서	4. Prepositions 전치사 from ~(로) 부터, to ~(로) 향해 from_until/ from_to ~부터 ~까지	4. Prepositions 전치사 with ~와(함께) without ~없이
DAY 46	**DAY 47**	**DAY 48**	**DAY 49**	**DAY 50**
4. Prepositions 전치사 along ~를 따라 beneath ~바로 밑에 through ~을 관통하여 as ~로서	4. Prepositions 전치사 of 쏙! 소속된 것을 말할 때 ~의 about ~에 대해, 약, 대략	4. Prepositions 전치사 by ~바로 옆에, ~까지	5. Verbs 동사 go ~ twist	5. Verbs 동사 Shout ~ cut

나만의 계획표

본 도서는 30~90일 안에 끝내는 것이 가장 효과적입니다.
내 상황에 맞게 나만의 계획표를 짜보세요!

DAY 1	DAY 2	DAY 3	DAY 4	DAY 5
DAY 6	DAY 7	DAY 8	DAY 9	DAY 10
DAY 11	DAY 12	DAY 13	DAY 14	DAY 15
DAY 16	DAY 17	DAY 18	DAY 19	DAY 20
DAY 21	DAY 22	DAY 23	DAY 24	DAY 25
DAY 26	DAY 27	DAY 28	DAY 29	DAY 30
DAY 31	DAY 32	DAY 33	DAY 34	DAY 35
DAY 36	DAY 37	DAY 38	DAY 39	DAY 40

DAY 41	DAY 42	DAY 43	DAY 44	DAY 45
DAY 46	DAY 47	DAY 48	DAY 49	DAY 50
DAY 51	DAY 52	DAY 53	DAY 54	DAY 55
DAY 56	DAY 57	DAY 58	DAY 59	DAY 60
DAY 61	DAY 62	DAY 63	DAY 64	DAY 65
DAY 66	DAY 67	DAY 68	DAY 69	DAY 70
DAY 71	DAY 72	DAY 73	DAY 74	DAY 75
DAY 76	DAY 77	DAY 78	DAY 79	DAY 80
DAY 81	DAY 82	DAY 83	DAY 84	DAY 85
DAY 86	DAY 87	DAY 88	DAY 89	DAY 90

NOUNS

명사

내가 그의 이름을 불러주기 전에는
그는 다만
하나의 몸짓에 지나지 않았다.

내가 그의 이름을 불러주었을 때
그는 나에게로 와서
꽃이 되었다.

–김춘수, 〈꽃〉 중에서

명사, 들어가기에 앞서

이 책의 첫 번째 장은 '명사(NOUNS)'입니다. 지금까지 영문법 수업을 여러 차례 들어보신 분들도 있을 것이고, 시도만 해보고 학창 시절 이후 영어를 잊어버린 분들도 있을 거라 생각합니다. 처음으로 시작하는 명사 파트에서는 한국 교육과정 기준 초중등 단어를 먼저 학습합니다.

Q. 명사는 무엇인가요?

A. 명사란 사물의 이름을 말합니다. 우리가 주변에서 볼 수 있는 모든 사물과 사람들의 이름이 모두 명사에 해당합니다. 예를 들면 '김민지', '강재형', '송하나', '책상', '이불', '연필', '밥', '고양이', '텐트'와 같은 단어가 모두 '명사'에 해당합니다.

Q. 어떤 기준으로 이 책에 들어갈 명사를 선정했나요?

A. 기초 문법 내용을 설명하는 동안에는 어려운 단어보다는 일상생활에서 자주 사용하는 생활 영어를 기준으로 단어를 선정했습니다. 추상적인 단어보다는 실제로 보이는 물체, 우리 주변에서 볼 수 있는 사물을 배우게 됩니다. 크게 세 가지 기준에 따라서 단어를 담았습니다.

1. (옥스퍼드와 롱맨에서 선정한) 생활에서 가장 많이 사용하는 3,000개의 단어집 2편
2. (한국 기준) 중학 영어 단어
3. (미국 기준) 유치원생부터 초등학생 고학년까지 배우는 단어

명사 편 사용법

이 책을 성공적으로 끝내려면 학습자의 적극적인 참여가 필요합니다. 명사 편은 기본적으로 그림과 영어 단어, 한국어 뜻, 발음기호(일부 챕터)가 포함되어 있습니다. 그러나 'Exercise(예문 적기)' 칸은 완전히 비워진 상태로 학습자가 스스로 예문을 적어넣도록 구성하였습니다. 'Exercise' 칸은 1) 주어진 단어로 직접 영작해보거나, 2) 사전에 단어를 검색하여 마음에 드는 예문을 적어보거나, 3) 드라마나 원서에서 본 표현이 기억난다면 책에 적어봅니다. 만약 예문을 적는 부분까지 신경 쓰기 힘들다면 그냥 넘어가도 무방합니다. 현재 학습자의 실력에 따라, 또 여유 시간에 따라 자유롭게 이용할 수 있도록 합니다.

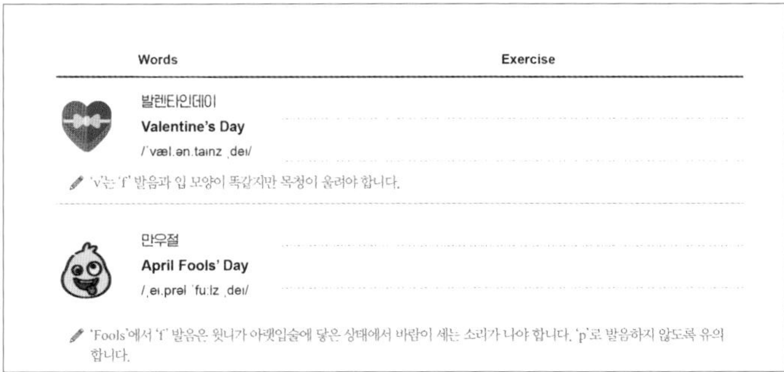

Words	Exercise
발렌타인데이 **Valentine's Day** /ˈvæl.ən.taɪnz ˌdeɪ/	
'v'는 'f' 발음과 입 모양이 똑같지만 목청이 울려야 합니다.	
만우절 **April Fools' Day** /ˌeɪ.prəl ˈfuːlz ˌdeɪ/	
'Fools'에서 'f' 발음은 윗니가 아랫입술에 닿은 상태에서 바람이 새는 소리가 나야 합니다. 'p'로 발음하지 않도록 유의합니다.	

자, 이제 명사인 단어들에 대해 배워볼 차례입니다.

- 첫 페이지에 한글로 적혀 있는 뜻을 보고 알맞은 영어 단어를 써봅시다. **사전을 찾기 전에 먼저 한 번 써보고**, 전혀 생각나지 않거나 모르는 단어는 사전을 찾아서 영어로 적어봅니다.
- 단어를 적은 후 발음을 들어봅시다. 네이버 영어 사전 혹은 캠브리지 영어 사전에서 발음을 들어보고 미국 발음, 영국 발음 중 쉬운 발음, 선호하는 발음을 익혀봅시다. 지금은 발음을 화려하게 할 수 있는지 신경 쓰지 않아도 됩니다. 대신 강세와 억양에 집중해주세요.
- 각 챕터에 나오는 단어를 모두 암기할 수 있도록 신경 써주세요. 처음에는 한글로 적혀 있는 뜻과 그림을 번갈아 보고 익혀주세요. 충분히 공부했다면 퀴즈렛을 이용하여 단어 테스트를 해보세요.
- 각 질문에 대한 답은 바로 다음 페이지에서 확인할 수 있습니다. 챕터 1과 2, 그리고 3의 일부는 발음기호도 기입되어 있습니다. 발음 기호는 《Oxford Learner's Dictionaries》와 《Cambridge Dictionary》를 참고하였습니다. 사전에 따라, 또 영국 발음과 미국 발음에 따라 기호가 상이할 수 있습니다.

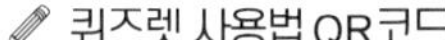
퀴즈렛 사용법 QR코드

(http://english.eugenepi.com/220831774441)

01

DATE

DAY

SEASON

TIME

NOUNS 01 DATE, DAY, SEASON, TIME

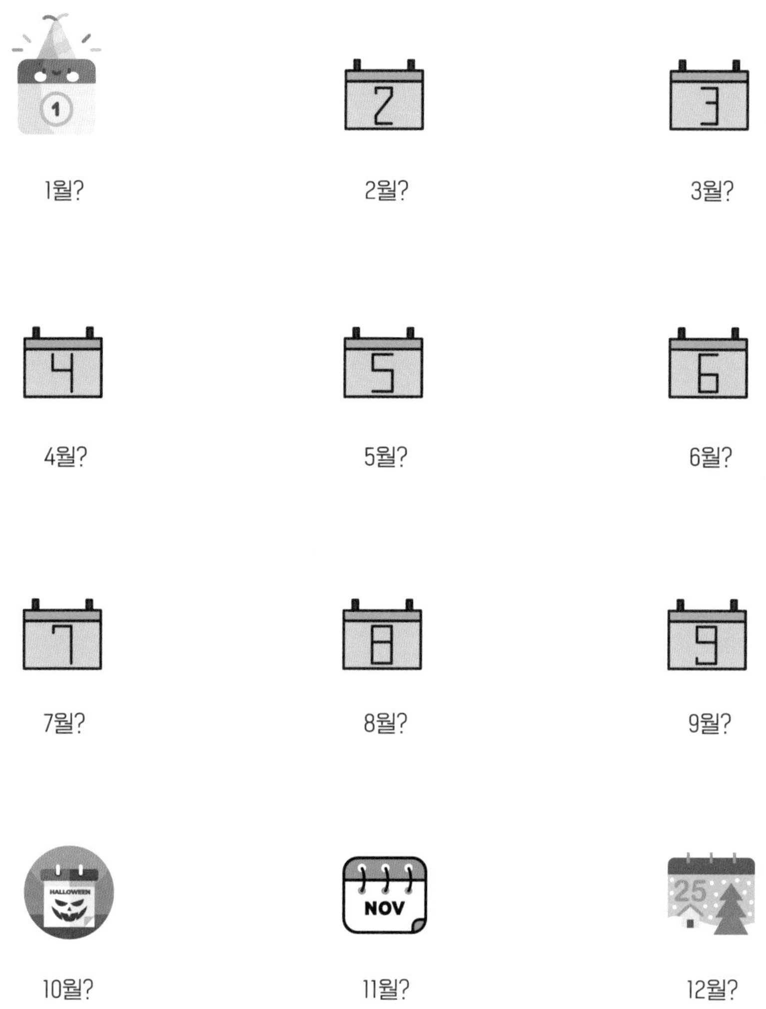

Words	Exercise
1월 **January** /ˈdʒæn·juˌer·i/	
2월 **February** /ˈfeb·ruˌer·i/ /ˈfeb·juˌer·i/	
3월 **March** /mɑrtʃ/	
4월 **April** /ˈeɪ·prəl/	
5월 **May** /meɪ/	
6월 **June** /dʒun/	
7월 **July** /dʒʊˈlɑɪ/	
8월 **August** /ˈɔ·gəst/	
9월 **September** /sepˈtem·bər/	
10월 **October** /ɑkˈtoʊ·bər/	
11월 **November** /noʊˈvem·bər/	
12월 **December** /dɪˈsem·bər/	

✎ 'v'와 'b'의 발음을 잘 구별하도록 합니다. 'v'는 'f' 발음과 입 모양이 똑같지만 목청이 울려야 합니다.

NOUNS 01 DATE, DAY, SEASON, TIME

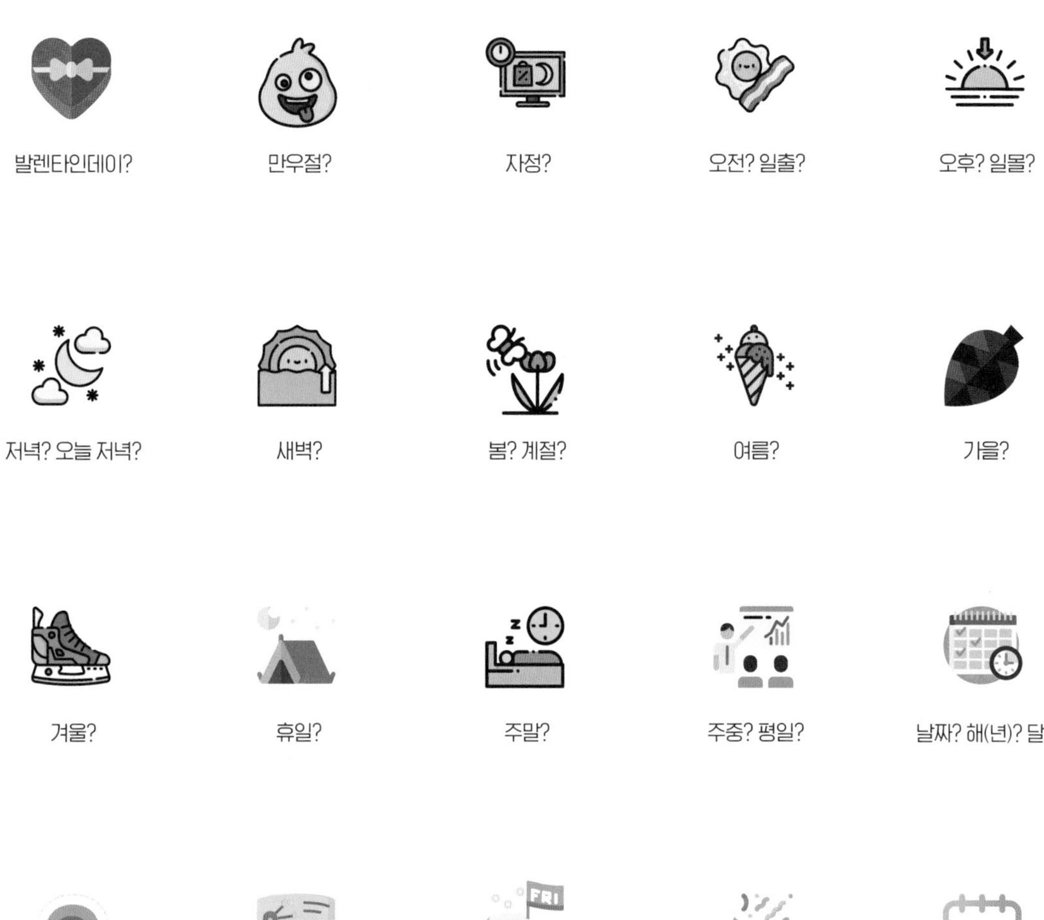

Words	Exercise

발렌타인데이
Valentine's Day
/ˈvæl.ən.taɪnz ˌdeɪ/

✎ 'v'는 'f' 발음과 입 모양이 똑같지만 목청이 울려야 합니다.

만우절
April Fools' Day
/ˌeɪ.prəl ˈfuːlz ˌdeɪ/

✎ 'Fools'에서 'f' 발음은 윗니가 아랫입술에 닿은 상태에서 바람이 새는 소리가 나야 합니다. 'p'로 발음하지 않도록 유의합니다.

자정
midnight
/ˈmɪd.naɪt/

오전
morning /ˈmɔːr.nɪŋ/
일출
sunrise /ˈsʌn.raɪz/

오후
afternoon /ˌæf.tɚˈnuːn/
일몰
sunset /ˈsʌn.set/

저녁
evening, night /ˈiːv.nɪŋ/ /naɪt/
오늘 저녁
tonight /təˈnaɪt/

새벽 (오전 5시)
dawn /dɑːn/
자정 이후
after midnight /ˈæf.tɚ/ /ˈmɪd.naɪt/

✎ 혹시 한국어로 '새벽 1시,' '새벽 2시'와 같은 표현을 사용해보신 적 있나요? 위 단어에서 'dawn'은 우리가 주로 말하는 새벽 1, 2시가 아닌 '해가 뜰 무렵'인 오전 5시 이후를 말합니다. 따라서 '1 a.m. dawn'은 틀린 표현이며, 영어에서는 '새벽'과 '자정 이후'를 별도 표현으로 사용합니다.

Words	Exercise
봄 **spring** /sprɪŋ/ 계절 **season** /ˈsiː.zən/	
여름 **summer** /ˈsʌm.ɚ/	
가을 **autumn** /ˈɑː.t̬əm/ **fall** /fɑːl/	
✎ 'autumn'은 '어텀' 또는 '어럼' 중 편한 발음으로 선택하시면 됩니다.	
겨울 **winter** /ˈwɪn.t̬ɚ/	
휴일 **holiday** /ˈhɑː.lə.deɪ/	
주말 **weekend** /ˈwiːk.end/	
주중, 평일 **weekday** /ˈwiːk.deɪ/	

Words	Exercise

날짜 **date** /deɪt/
해(년) **year** /jɪr/
달 **month** /mʌnθ/

어제
yesterday /ˈjes.tɚ.deɪ/
오늘
today /təˈdeɪ/
내일
tomorrow /təˈmɔːr.oʊ/

현실
reality /riˈæl.ə.t̬i/
순간
moment /ˈmoʊ.mənt/
시간
time /taɪm/

✎ 'reality'는 '뤼엘리티' 또는 '뤼엘리리' 중 편한 발음으로 선택하시면 됩니다.

요일
day /deɪ/
생일
birthday /ˈbɝːθ.deɪ/

✎ 발음기호에 있는 'θ'는 'th' 발음이라고 부릅니다. 번데기 발음이라고도 하지요. 이 사이에 혀가 살짝 나와서 공기가 새는 소리가 나는 발음입니다.

월요일 **Monday** /ˈmʌn.deɪ/
화요일 **Tuesday** /ˈtuːz.deɪ/
수요일 **Wednesday** /ˈwenz.deɪ/
목요일 **Thursday** /ˈθɝːz.deɪ/
금요일 **Friday** /ˈfraɪ.deɪ/
토요일 **Saturday** /ˈsæt̬.ɚ.deɪ/
일요일 **Sunday** /ˈsʌn.deɪ/

✎ 'Thursday'는 철자에 'th'가 포함되어 있지만 공기가 새는 번데기 발음이 아닙니다. 유의하세요!

Q&A

Q. 영어 발음, 어떤 것에 유의해야 하나요?

A. 영어는 한국어와 달리 리듬이 있는 언어입니다. 게다가 '강세'가 있어서 단어의 특정 부분에 힘을 줘서 발음해야 하는 경우도 있습니다. 예를 들어 'August'라는 단어를 살펴봅시다. 이 단어를 /ˈɑː.gəst, 어!거스트/라고 읽었을 때와 /ɑːˈgʌst, 어거!스트/라고 읽을 때의 뜻은 전혀 다릅니다. 첫 번째 강세를 사용한 발음은 명사로 '8월'이라는 뜻이고, 두 번째 발음은 형용사로 '위엄 있는'이라는 뜻입니다.

또 'today'라는 단어를 봅시다. 이 단어를 /təˈdeɪ, 투데!이/라고 읽었을 때와 /투!데이/라고 읽을 때의 뜻은 전혀 다릅니다. 첫 번째 발음은 우리가 알고 있는 '오늘'이라는 뜻이고, 두 번째 발음은 'two day(two days의 틀린 형태)'로 들립니다. 그래서 영어는 강세까지 꼭 기억하고 있어야 합니다.

영어는 철자를 보고 마음대로 발음하면 안 됩니다. 스페인어와 달리 영어는 철자 그대로 발음하지 않습니다. 그러므로 각 단어에 알맞은 발음을 알고 있어야 합니다. reality라는 단어의 철자와 의미를 알고 있다고 해서 이 단어를 안다고 할 수 없습니다. /riˈæl.ə.t̬i, 뤼엘!리리~/라는 발음까지 알고 있어야 비로소 이 단어를 정확히 안다고 할 수 있습니다.

처음 영어를 배우는 분이라면 **'외울 단어도 많은데, 강세까지 어떻게 외워?'**라고 생각할 수도 있습니다. 하지만 괜찮습니다. 한국어 역시 영어와 마찬가지로 문자와 그 발음이 서로 차이가 있는 언어입니다. 한국어 단어의 발음은 어떻게 배웠는지 먼저 잘 생각해보세요. 예를 들어 '먼지떨이'라는 단어의 한국어 발음은 [먼지떠리]입니다. 우리는 한국어를 배울 때 "먼지떨이는 '먼지떠리'로 발음한다"라고 외운 적이 없습니다. 다만 저 단어의 발음을 많이 들어보았지요. 그래서 자연스럽게 [먼지떠리]라고 발음할 수 있는 겁니다.

마찬가지로 영어 단어의 발음과 강세, 리듬을 기억하려면 최대한 많이 들어보셔야 합니다. **첫 번째로는 단어의 단독 발음을 많이 들어봐야 하며, 두 번째로는 단어가 문장에 들어가 있을 때 다른 단어와 상호작용하여 발음이 다소 달라지는 현상까지(주로 우리가 '연음'이라고 부르지요) 많이 들어보셔야 합니다.** 계속 많이 듣다 보면 의식적으로 외우려고 노력하지 않아도 머리에 자동으로 저장됩니다. 그러니 스트레스받지 말고 '자주 들어서 익히자'라고 가볍게 생각하는 게 좋습니다.

Q. 원어민처럼 발음할 수 있도록 연습해야 하나요?

A. 물론 원어민처럼 발음할 수 있게 되면 좋지만, 반드시 그럴 필요는 없습니다. 발음은 다음과 같은 사항을 유의하여 공부하면 됩니다.

(1) 타인에게 전달하기에 무리가 없는 발음을 구사할 수 있게 연습해야 합니다. 예를 들어 debris라는 단어를 /데브리스-/라고 발음하지 않아야 합니다. 이 단어의 발음을 한국어로 적어보면 /dəˈbriː, 데브리-/입니다. 또한 excite라는 단어를 /엑시테!/라고 발음하지 않아야 합니다. 이 단어의 발음은 한국어로 적자면 /ɪkˈsaɪt, 익싸!이트/입니다.

(2) 강세와 억양(높낮이)을 큰 소리로 연습하세요. 예를 들어 excite라는 단어는 /ɪkˈsaɪt, 익싸!이트/라고 발음해야 합니다. 발음 기호 k와 s 사이의 'ˈ' 기호를 잘 보세요. 저 기호는 다음에 나오는 발음을 '강하게 읽으라'는 기호입니다. 그러니 '익' 다음에 나오는 '사'를 강하게 발음하여 /익싸!이트/가 되는 거지요. 강세를 무시한 /익!싸이트/나 /익싸이트!/와 같은 발음이 되지 않도록 각 단어의 발음을 유의하며 공부해야 합니다. 이렇게 강세와 리듬을 잘 파악하려면 많이 듣고, 또 많이 따라 해봐야 합니다. 성인 학습자는 특히나 큰 소리로 따라 하며 학습하는 과정을 소홀히 생각하기 때문에 그러지 않도록 특별히 주의해야 합니다.

(3) 구별해야 하는 발음에 유의하며, 한국식 발음을 최대한 줄이도록 합니다. 예를 들어 특별히 구별해야 하는 발음은 R/L, F/P, B/V 등입니다. R과 L 발음을 구별하지 않아서 I eat rice.를 I eat lice.라고 발음하면 '밥을 먹다'가 아니라 '이(곤충)를 먹다'가 될 수 있으니 조심하세요!
또한 외래어를 한국식으로 발음하지 않도록 유의합니다. 예를 들어 CCTV는 '씨씨티비'라고 빠르게 발음하지 않고 영어 알파벳 하나씩 C[si:], C[si:], T[ti:], V[vi:]라고 읽어야 합니다.

(4) 녹음하면서 공부합니다. 단어 20~30개를 정해서 직접 녹음해본 후, 사전 발음과 비교하며 공부합니다.

02

TOWN

HOUSE

ROOM

NOUNS 02 TOWN, HOUSE, ROOM

연필? 노트북? 공책? 지우개? 펜?

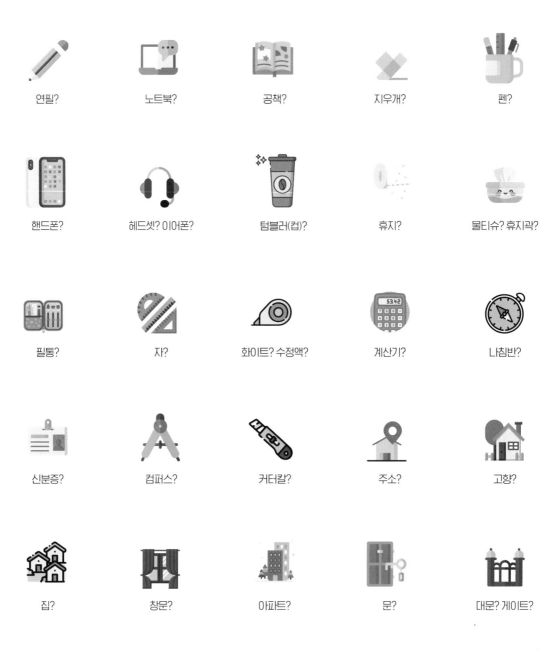

핸드폰? 헤드셋? 이어폰? 텀블러(컵)? 휴지? 물티슈? 휴지곽?

필통? 자? 화이트? 수정액? 계산기? 나침반?

신분증? 컴퍼스? 커터칼? 주소? 고향?

집? 창문? 아파트? 문? 대문? 게이트?

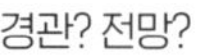
경관? 전망?

방?

지하실?

다락?

사다리?

Words	Exercise
연필 **pencil** /ˈpen.səl/	
노트북 **notebook** /ˈnoʊt.bʊk/ **laptop** /ˈlæp.tɑːp/	

✎ 'notebook'은 /노/ 발음이 아닌 /낫-/ 발음으로 시작합니다.

Words	Exercise
공책 **notebook** /ˈnoʊt.bʊk/	
지우개 **eraser** /ɪˈreɪ.sɚ/	
펜 **pen** /pen/	
핸드폰 **cell phone** /ˈsel foʊn/	
헤드셋 **headset** /ˈhed.set/ **headphones** /ˈhed.foʊnz/ 이어폰 **earphones** /ˈɪr.foʊnz/	
텀블러 **tumbler** /ˈtʌm.blɚ/ 컵 **cup** /kʌp/	
휴지 **toilet paper** /ˈtɔɪ.lət ˌpeɪ.pɚ/ **tissue** /ˈtɪʃ.uː/ **Kleenex**(상표명) /ˈkliː.neks/	

Words	Exercise
물티슈 **wet wipe** /ˈwet ˌwaɪp/ 휴지곽 **tissue box** /ˈtɪʃ.u ˌbɑːks/	
필통 **pencil case** /ˈpen.səl ˌkeɪs/	
자 **ruler** /ˈruː.lɚ/	
화이트(테이프) **correction tape** /kəˈrek.ʃən ˌteɪp/ 수정액 **correction fluid** /kəˈrek.ʃən ˌfluː.ɪd/	
계산기 **calculator** /ˈkæl.kjə.leɪ.t̬ɚ/	
✎ /ˈkæl.kjə/은 /칼큘/보다는 /캘큘/에 가까운 발음입니다.	
나침반 **compass** /ˈkʌm.pəs/	
신분증 **identification card** /aɪˌden.t̬ə.fəˈkeɪ.ʃən ˌkɑːrd/ **identity card**(ID card) /aɪˈden.t̬ə.t̬i ˌkɑːrd/	
컴퍼스 **drawing compass** /ˈkʌm.pəs/	
커터칼 **cutter** /ˈkʌt.ɚ/	
✎ /커럴/ 또는 /커털/ 중 편한 발음으로 선택하시면 됩니다.	
주소 **address** /ˈæd.res/	

Words	Exercise
고향 **hometown** /ˈhoʊm.taʊn/	
집 **home, house** /hoʊm/ /haʊs/	
창문 **window** /ˈwɪn.doʊ/	
아파트 **apartment** /əˈpɑːrt.mənt/	
문 **door** /dɔːr/	
대문 **gate** /geɪt/	
경관, 전망 **view, landscape** /vjuː/ /ˈlænd.skeɪp/	
방 **room** /ruːm/	
지하실 **basement** /ˈbeɪs.mənt/	
다락 **attic** /ˈæt̬.ɪk/	

✎ /에틱/ 또는 /에릭/ 중 편한 발음으로 선택하면 됩니다.

사다리 **ladder** /ˈlæd.ɚ/	

✎ 이 단어는 '편지'를 뜻하는 'letter'과 발음이 유사합니다. 'letter'은 /레럴!/로 짧게, 'ladder'은 /레~럴/로 길게 발음합니다.

NOUNS 02 TOWN, HOUSE, ROOM

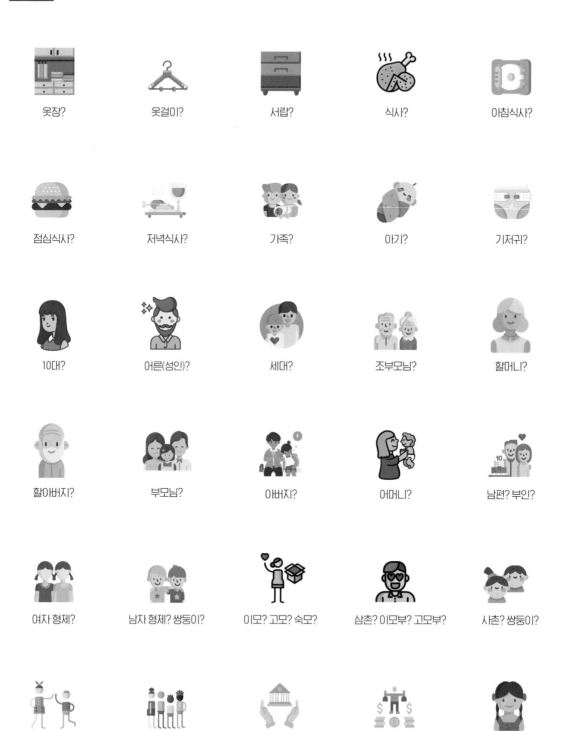

옷장?

옷걸이?

서랍?

식사?

아침식사?

점심식사?

저녁식사?

가족?

아기?

기저귀?

10대?

어른(성인)?

세대?

조부모님?

할머니?

할아버지?

부모님?

아버지?

어머니?

남편? 부인?

여자 형제?

남자 형제? 쌍둥이?

이모? 고모? 숙모?

삼촌? 이모부? 고모부?

사촌? 쌍둥이?

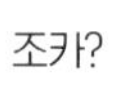

조카?

친척?

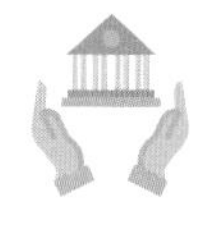

유산?

상속자?

딸? 손녀딸?

Words	Exercise
옷장 **wardrobe** /ˈwɔːr.droʊb/ **closet** /ˈklɑː.zət/	
옷걸이 **hanger** /ˈhæŋ.ɚ/	
서랍 **drawer** /drɔːr/	
식사 **meal** /mɪəl/	
아침식사 **breakfast** /ˈbrek.fəst/	
점심식사 **lunch** /lʌntʃ/	
저녁식사 **dinner** /ˈdɪn.ɚ/ **supper** /ˈsʌp.ɚ/	
가족 **family** /ˈfæm.əl.i/	
아기 **baby** /ˈbeɪ.bi/	
기저귀 **diaper** /ˈdaɪ.pɚ/	
10대 **teenager** /ˈtiːnˌeɪ.dʒɚ/	

Words	Exercise

어른
adult /ˈæd.ʌlt/ /əˈdʌlt/
grown-up /ˌgroʊn ˈʌp/

✎ 단어 'adult'는 발음 기호가 2개 실려 있습니다. 두 기호의 차이점은 바로 강세입니다. 첫 글자에 강세가 있는 /ˈæd.ʌlt/와 두 번째 글자에 강세가 있는 /əˈdʌlt/ 이렇게 두 가지가 있습니다. 동일한 의미를 가진 단어지만 이렇게 강세가 두 개 이상인 경우가 있습니다. 이럴 때는 둘 중 원하는 발음을 선택하여 사용하면 됩니다.

세대
generation /ˌdʒen.əˈreɪ.ʃən/

조부모님
grandparent /ˈgræn.per.ənt/
grandparents

✎ 'grand'의 'd'는 묵음입니다. 발음 기호에서도 'd'가 빠져 있지요?

할머니
grandmother, grandma
/ˈgræn.mʌð.ɚ/ /ˈgræn.mɑː/

할아버지
grandfather/ˈgræn.fɑː.ðɚ/ **grandpa** /ˈgræn.pɑː/

부모님
parent, parents /ˈper.ənt/

아버지
father /ˈfɑː.ðɚ/ **dad** /dæd/ **daddy** /ˈdæd.i/

어머니
mother /ˈmʌð.ɚ/ **mom** /mɑːm/ **mommy** /ˈmɑː.mi/

남편, 부인
husband /ˈhʌz.bənd/
wife /waɪf/

여자 형제 **sister** /ˈsɪs.tɚ/
언니, 누나 **older sister** /ˈoʊldər ˌsɪs.tɚ/
여동생 **younger sister** /jʌ́ŋgər ˌsɪs.tɚ/

Words	Exercise
남자 형제 **brother** /ˈbrʌð.ɚ/ 오빠, 형 **older brother** /ˈoʊldər ˌbrʌð.ɚ/ 남동생 **younger brother** /jʌ́ŋgər ˌbrʌð.ɚ/	
이모, 고모, 숙모 **aunt** /ænt/	
삼촌, 이모부, 고모부 **uncle** /ˈʌŋ.kəl/	
사촌 **cousin** /ˈkʌz.ən/ 쌍둥이 **twins** /twɪnz/ 쌍둥이 자매 **twin sister** /twɪn ˌsɪs.tɚ/ 쌍둥이 형제 **twin brother** /twɪn ˌbrʌð.ɚ/ 세쌍둥이 **triplet** /ˈtrɪp.lət/	
여자 조카 **niece** /niːs/ 남자 조카 **nephew** /ˈnef.juː/	
친척 **relative, kin** /ˈrel.ə.t̬ɪv/ /kɪn/ **cf) relation** 관계 /rɪˈleɪ.ʃən/	

✎ 'relative'의 발음을 유의하세요. /륄레이티브/가 아니라 /랠러티~브/라고 발음합니다.

유산 **heritage** /ˈher.ɪ.t̬ɪdʒ/ **legacy** /ˈleg.ə.si/	
상속자 **heir** /er/ 여자 상속인 **heiress** /ˈer.es/	

✎ 묵음이 포함된 단어는 발음에 특히 유의해야 합니다. 상속자를 뜻하는 'heir', 'heiress'라는 단어는 'h'를 포함하고 있지만 'h'가 묵음(소리가 나지 않음)입니다.

딸 **daughter** /ˈdɑː.t̬ɚ/ 손녀딸 **granddaughter** /ˈgræn.dɑː.t̬ɚ/	

NOUNS 02 TOWN, HOUSE, ROOM

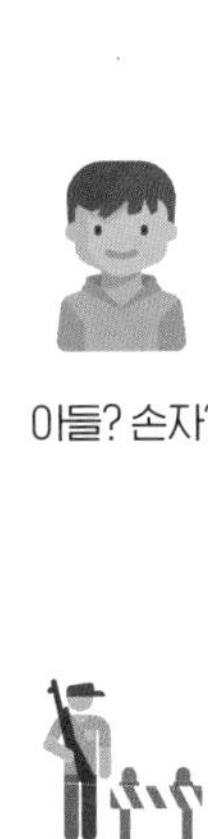
아들? 손자?

(어린)아이?

집안일? 먼지떨이?

국가(나라)?

영토?

국경(경계)?

공동체(커뮤니티)?

지역?

동네? 마을?

시내?

이웃 사람?

우리 동네(인근)?

동?

서?

남?

북?

길? 도로?

장소?

보도(인도)?

길(차선)?

거리 표지판?

화장대?

거울?

립스틱? 립글로스?

입술 크림?

BB(CC) 크림?

면도 크림?

로션?

선크림?

여드름 화장품?

Words	Exercise
아들 **son** /sʌn/ 손자 **grandson** /ˈgræn.sʌn/	
(어린) 아이 **child** /tʃaɪld/ **kid**/kɪd/ (어린) 아이들 **children** /ˈtʃɪl.drən/	
집안일 **housework** /ˈhaʊs.wɝːk/ 먼지떨이 **feather duster** /ˌfeð.ɚ ˈdʌs.tɚ/	
국가(나라) **country** /ˈkʌn.tri/	
영토 **territory** /ˈter.ə.tɔːr.i/	
국경(경계) **border** /ˈbɔːr.dɚ/	
공동체 **community** /kəˈmjuː.nə.t̬i/	
지역 **region, area** /ˈriː.dʒən/ /ˈer.i.ə/	
동네, 마을 **town, village** /taʊn/ /ˈvɪl.ɪdʒ/	
시내 **downtown** /ˌdaʊnˈtaʊn/	
이웃 사람 **neighbor** /ˈneɪ·bər/	

Words	Exercise
우리 동네(인근) **neighborhood** /ˈneɪ·bərˌhʊd/	
동 **east** /iːst/	
서 **west** /west/	
남 **south** /saʊθ/	
북 **north** /nɔːrθ/ **cf)** **northeast** 북동 /ˌnɔːrθˈiːst/ **northwest** 북서 /ˌnɔːrθˈwest/ **southeast** 남동 /ˌsaʊθˈiːst/ **southwest** 남서 /ˌsaʊθˈwest/	
길, 도로 **street** /striːt/ **road** /roʊd/	
장소 **place** /pleɪs/	
보도(인도) **sidewalk** /ˈsaɪd.wɑːk/	
길 **route** /raʊt/ 차선 **lane** /leɪn/	

Words	Exercise
거리 표지판 **sign** /saɪn/ **street sign** /striːt ˌsaɪn/	
화장대 **makeup vanity** /ˈmeɪk ˌʌp ˌvæn.ə.t̬i/	
거울 **mirror** /ˈmɪr.ɚ/	
립스틱 **lipstick** /ˈlɪp.stɪk/ 립글로스 **lip gloss, ChapStick**(상표명) /ˈlɪp ˌglɑːs/ /ˈtʃæp.stɪk/	
입술 크림 **lip balm** /ˈlɪp ˌbɑːm/	
BB(CC) 크림 **BB**(CC) **cream** /ˈbiː.biː ˌkriːm/	
면도 크림 **shaving cream** /ˈʃeɪ.vɪŋ ˌkriːm/ 면도기 **shaving razor** /ˈʃeɪ.vɪŋ ˌreɪ.zɚ/	
로션 **lotion** /ˈloʊ.ʃən/ **moisturizer** /ˈmɔɪs.tʃɚ.aɪ.zɚ/	
선크림 **sunscreen** /ˈsʌn.skriːn/ **sun cream** /ˈsʌn ˌkriːm/ **sunblock** /ˈsʌn.blɑːk/	
여드름 화장품 **acne lotion** /ˈæk.ni ˌloʊ.ʃən/	

NOUNS 02 TOWN, HOUSE, ROOM

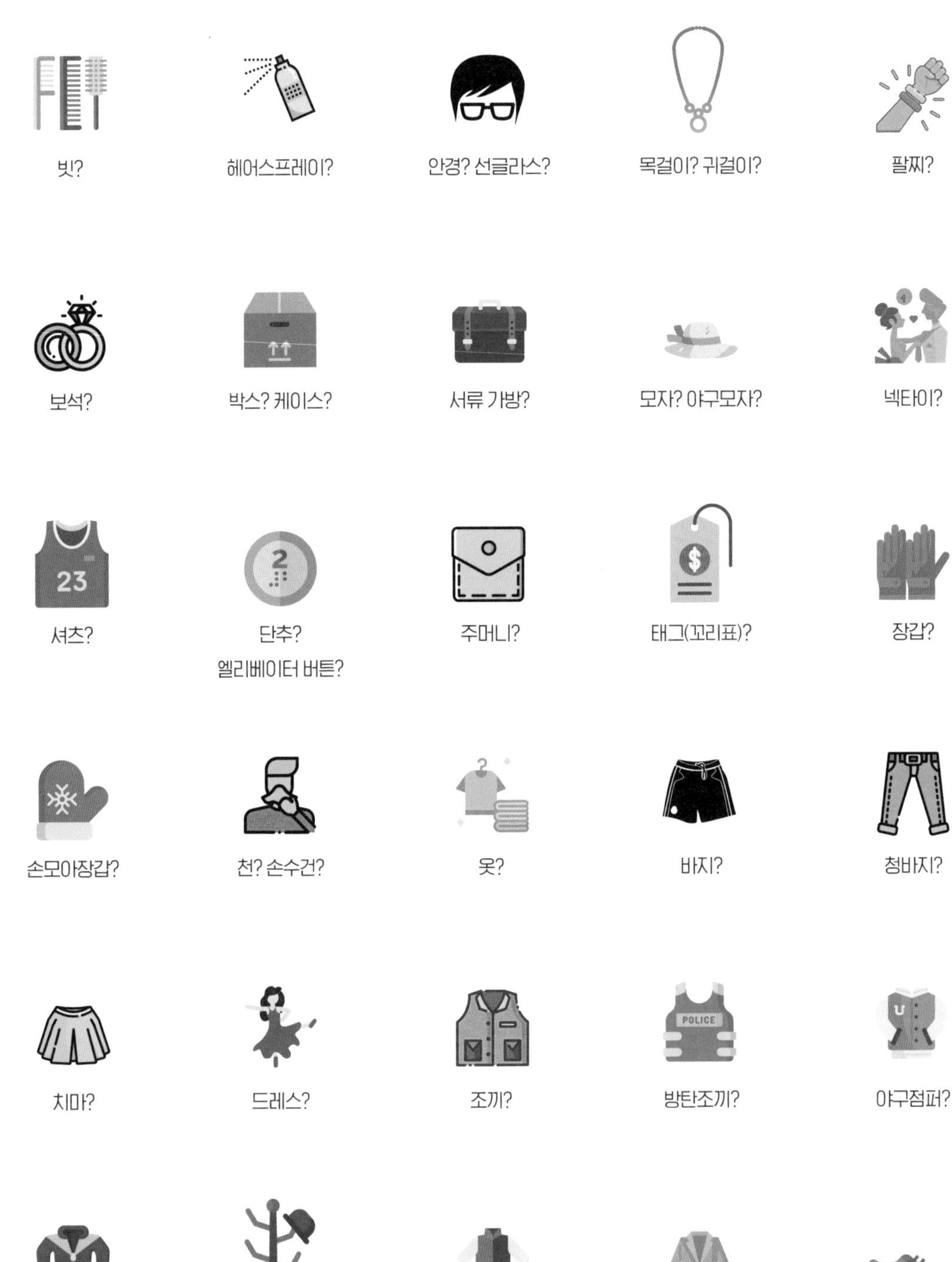

Words	Exercise
빗 **comb** /koʊm/ **hairbrush** /ˈher.brʌʃ/	
헤어스프레이 **hair spray** /ˈher ˌspreɪ/	
안경 **glasses** /ˈglæs·əz/ 선글라스 **sunglasses** /ˈsʌnˌglæs.ɪz/	
목걸이 **necklace** /ˈnek.ləs/ 귀걸이 **earring, earrings** /ˈɪr.ɪŋ/	

✎ 'necklace'를 /넥레이스/라고 발음하지 않도록 유의합니다!

Words	Exercise
팔찌 **bracelet** /ˈbreɪ.slət/	
보석 **jewelry** /ˈdʒu·əl·ri, ˈdʒul·ri/ **jewel** /ˈdʒuː.əl/	
박스 **box** /bɑːks/ 작은 상자(케이스) **case** /keɪs/	
서류 가방 **briefcase** /ˈbriːf.keɪs/	
모자 **hat** /hæt/ 야구모자 **baseball cap(cap)** /ˈbeɪs.bɑːl ˌkæp/	

Words	Exercise
넥타이 **necktie** /ˈnek.taɪ/ **tie** /taɪ/	
셔츠 **T-shirt** /ˈtiː.ʃɝːt/ **shirt** /ʃɝːt/	
단추, 엘리베이터 버튼 **button** /ˈbʌt̬.ən/	
주머니 **pocket** /ˈpɑː.kɪt/	
태그(꼬리표) **tag** /tæg/	
장갑 **glove** /glʌv/ 장갑 한 켤레 **gloves**	
손모아장갑 **mitten** /ˈmɪt̬.ən/ 손모아장갑 한 켤레 **mittens**	
천 **cloth** /klɑːθ/ 손수건 **handkerchief** /ˈhæŋ.kɚ.tʃiːf/	
옷 **clothes** /kloʊðz/ /kloʊz/	

✎ cloth(천)라는 단어에 '-es'가 붙어서 '옷'이라는 의미가 된 단어입니다. 많은 학생들이 이 단어를 /클로지즈/라고 발음합니다. 그러나 이 단어의 발음은 'close(닫다)'와 동일합니다.

Words	Exercise
바지 **pants** /pænts/	
청바지 **jeans** /dʒiːnz/	

Words	Exercise
치마 **skirt** /skɝːt/	
드레스 **dress** /dres/	
조끼 **vest** /vest/	
방탄조끼 **flak jacket** /ˈflæk ˌdʒæk.ɪt/ **bulletproof vest** /ˈbʊl.ɪt.pruːf ˌvest/	

'bullet'은 '총알'이라는 뜻이며 '-proof'는 '~를 막다'는 의미입니다. 두 단어가 합쳐져서 'bulletproof'는 '방탄'의 의미를 가집니다. 유사하게 'water'에 '-proof'가 붙어 방수를 뜻하는 'waterproof'라는 단어도 있습니다. 이 단어는 waterproof mascara, waterproof phone, waterproof case 등 여러 표현에서 사용됩니다.

야구점퍼 **baseball jacket** /ˈbeɪs.bɑːl ˌdʒæk.ɪt/	
바람막이 **windbreaker** /ˈwɪndˌbreɪ.kɚ/	
코트걸이 **coat rack** /koʊt ˌræk/	
점퍼 **jumper** /ˈdʒʌm.pɚ/ 자켓 **jacket** /ˈdʒæk.ɪt/	
코트 **coat** /koʊt/	
신발류 **footwear** /ˈfʊt.wer/	

NOUNS 02 TOWN, HOUSE, ROOM

런닝화, 운동화?

한 쌍?

양말? 양말 한 쌍?

크리스마스 양말? 스타킹?

하이힐?

신발?

부츠?

옥스포드화?

샌들?

플랫슈즈?

플립플롭?

스웨터?

속옷?

브라?

팬티?

비옷?

달력?

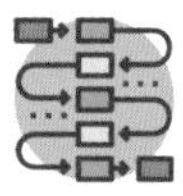
계획?

스케줄?

연락처?

주소록?

침대?

침실?

마룻바닥?

나무 바닥?

천장?

젖은 바닥?

수영장, 웅덩이?

거실?

식당?

Words	Exercise
런닝화, 운동화 **running shoes** /ˈrʌn.ɪŋ ˌʃuːz/ **training shoes** /ˈtreɪ.nɪŋ ˌʃuːz/	
한 쌍 **pair** /per/	
양말 **sock** /sɑːk/ 양말 한 쌍 **a pair of socks**	
크리스마스 양말 **Christmas stocking** /ˌkrɪs.məs ˈstɑː.kɪŋ/ 스타킹 한 켤레 **stockings**	
하이힐 **high heels** /ˌhaɪ ˈhiːlz/	
신발 **shoes** /ʃuːz/	
부츠 **boots** /buːtz/	
옥스포드화 **oxford shoes** /ˈɑːks.fɚd ˌʃuːz/	
샌들 **sandals** /ˈsæn.dəls/	
플랫슈즈 **flat shoes** /flæt ˌʃuːz/ **flats** /flæts/	

Words	Exercise
플립플롭 **flip-flop** /ˈflɪp.flɑːp/ 플립플롭 한 켤레 **flip-flops**	
스웨터 **sweater** /ˈswet̬.ɚ/	
속옷 **underwear** /ˈʌn.dɚ.wer/ **underpants** /ˈʌn.dɚ.pænts/ **lingerie** /ˌlɑːn.ʒəˈreɪ/	
브라 **bra** /brɑː/ **sports bra** /ˈspɔːrts ˌbrɑː/	
팬티 **panties** /ˈpæn.t̬iz/ **boxer shorts**(**boxers**) /ˈbɑːk.sɚ ˌʃɔːrts/	
비옷 **raincoat** /ˈreɪŋ.koʊt/	
달력 **calendar** /ˈkæl.ən.dɚ/	
계획 **plan** /plæn/	
스케줄 **schedule** /ˈskedʒ.uːl/	

Words	Exercise
연락처 **phone number** /ˈfoʊn ˌnʌm.bɚ/	
주소록 **contacts** /ˈkɑːn.tækts/ **phone book**	
침대 **bed** /bed/	
침실 **bedroom** /ˈbed.ruːm/	
마룻바닥 **floor** /flɔːr/	
나무 바닥 **wooden floor** /ˈwʊd.ən ˈflɔːr/	
천장 **ceiling** /ˈsiː.lɪŋ/	
젖은 바닥 **wet floor** /wet ˈflɔːr/	
수영장 **swimming pool** /ˈswɪm.ɪŋ ˌpuːl/ 웅덩이 **pool** /puːl/	
거실 **living room** /ˈlɪv.ɪŋ ˌruːm/	
식당 **dining room** /ˈdaɪ.nɪŋ ˌruːm/	

NOUNS 02 TOWN, HOUSE, ROOM

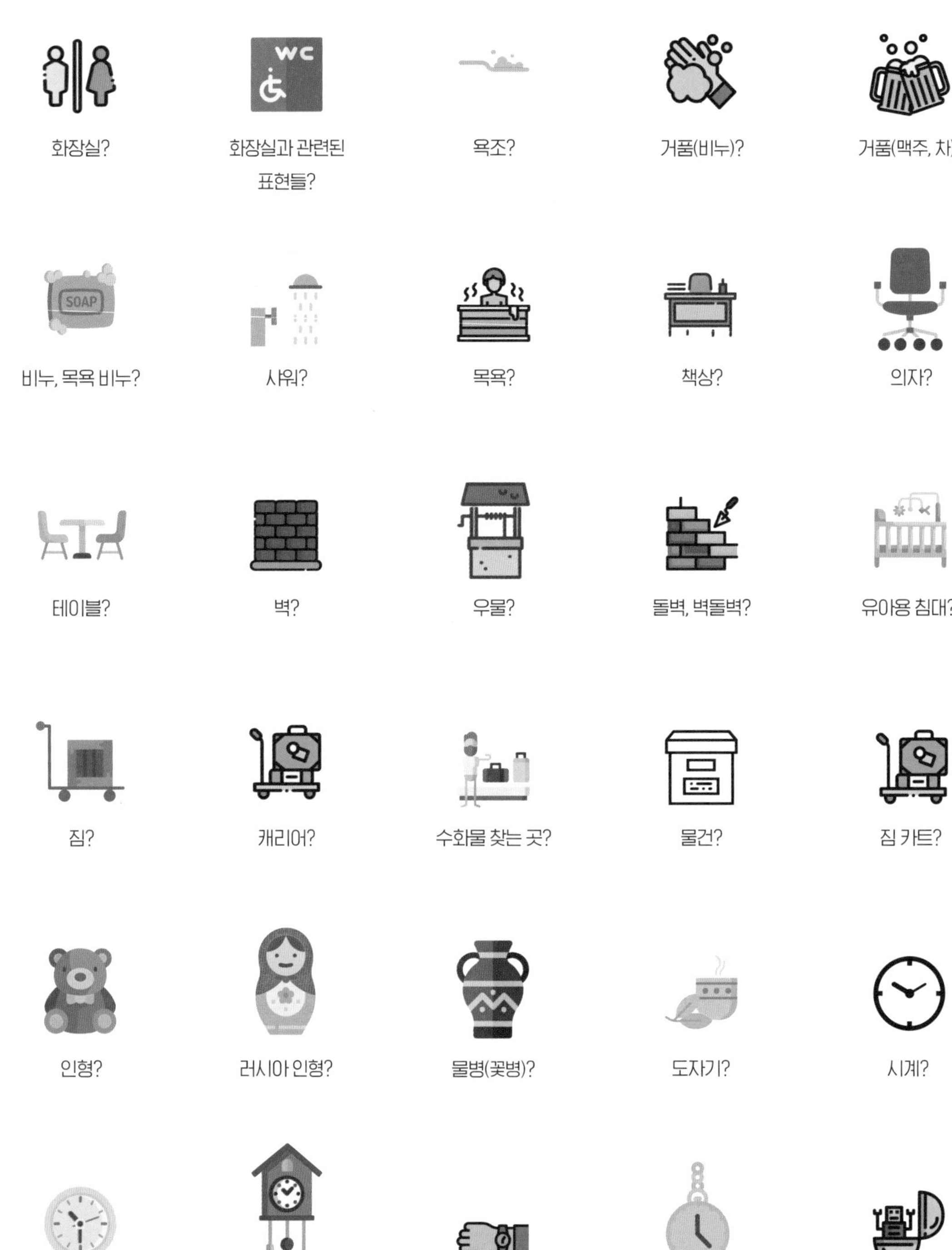

화장실?	화장실과 관련된 표현들?	욕조?	거품(비누)?	거품(맥주, 차)?
비누, 목욕 비누?	샤워?	목욕?	책상?	의자?
테이블?	벽?	우물?	돌벽, 벽돌벽?	유아용 침대?
짐?	캐리어?	수화물 찾는 곳?	물건?	짐 카트?
인형?	러시아 인형?	물병(꽃병)?	도자기?	시계?
벽시계?	뻐꾸기시계?	손목시계?	회중시계?	장난감?

Words	Exercise
화장실 **bathroom** /ˈbæθ.ruːm/ **restroom** /ˈrest.ruːm/ **toilet** /ˈtɔɪ.lət/	
W.C(**water closet**) **washroom** /ˈwɑː.t̬ɚ ˌklɑː.zɪt/ /ˈwɑːʃ.ruːm/	
욕조 **bathtub** /ˈbæθ.tʌb/	
거품(비누) **bubble** /ˈbʌb.əl/	
거품(맥주, 차) **foam** /foʊm/	
비누 **soap** /soʊp/ 목욕 비누 **bath soap** /ˈbæθ ˌsoʊp/	
샤워 **shower** /ˈʃaʊ.ɚ/	
목욕 **bath** /bæθ/	
책상 **desk** /desk/	
의자 **chair** /tʃer/	
테이블 **table** /ˈteɪ.bəl/	

Words	Exercise
벽 **wall** /wɑːl/	
우물 **well** /wel/	
돌벽 **stone wall** /stoʊn wɑːl/ 벽돌벽 **brick wall** /brɪk wɑːl/	
유아용 침대 **cradle** /ˈkreɪ.dəl/	

✎ 'L' 발음에 유의합니다. 'L' 발음은 윗니 바로 뒤 입천장에 혀가 살짝 닿는 발음입니다.

Words	Exercise
짐 **load** /loʊd/	
캐리어 **luggage** /ˈlʌg.ɪdʒ/ **baggage** /ˈbæg.ɪdʒ/	
수화물 찾는 곳 **baggage claim** /ˈbægɪdʒ kleɪm/	
물건 **thing** /θɪŋ/ **stuff** /stʌf/	
짐 카트 **luggage cart** /ˈlʌg.ɪdʒ ˌkɑːrt/	

Words	Exercise
인형 **doll** /dɑːl/	
러시아 인형 **Matryoshka**	
물병(꽃병) **vase** /veɪs/	
도자기 **china** /ˈtʃaɪ.nə/ **ceramics** /səˈræm.ɪks/	
시계 **clock** /klɑːk/	
벽시계 **wall clock** /wɑːl ˌklɑːk/	
뻐꾸기 시계 **cuckoo clock** /ˈkʊk.uː ˌklɑːk/	
손목시계 **watch** /wɑːtʃ/ **wristwatch** /ˈrɪst.wɑːtʃ/	
회중시계 **pocket watch** /ˈpɑː.kɪt ˌwɑːtʃ/	
장난감 **toy** /tɔɪ/	

Q&A

Q. 영어는 대체 왜 이렇게 동의어가 많나요?
aim(목표), goal(목표), objective(목표), target(목표), object(목표) …

A. 영어에는 똑같은 의미를 가진 단어(동의어)가 참 많습니다. 위에서 예로 든 단어뿐 아니라 대부분 단어가 적어도 2개, 많게는 20개가 넘는 동의어를 가집니다. 그 이유는 영어의 역사를 보면 금방 이해할 수 있습니다.

영어의 고장인 영국은 외세의 침략을 거치면서 독일어와 로망스어(프랑스어)의 영향을 많이 받았습니다. 문법이나 발음에 영향을 받기도 했지만 '단어'가 가장 영향을 많이 받아서 영어에는 외국어로부터 차용한 단어가 정말 많습니다. 또한 독일어와 프랑스어뿐 아니라 영국이 지배했던 국가에서 아랍어나 인도어, 중국어의 영향을 받아 영어 단어는 더욱 다양해졌습니다. 그래서 같은 의미를 가진 단어인데 기원이 완전히 다른 경우도 많이 있습니다.

예를 들면 '증가하다'라는 의미를 가진 'increase', 'augment', 'grow'라는 세 개의 단어는 각각 기원이 다릅니다. 'increase'는 고대 프랑스어에서, 'augment'는 라틴어, 그리고 'grow'는 고대 게르만어에서 왔습니다.

영어는 동의어가 많을 뿐 아니라 하나의 단어가 여러 의미를 나타내기도 합니다. 'ear'는 신체 부위인 '귀'를 뜻하기도 하지만 'an ear of corn'에서는 '옥수수의 머리 부분'을 뜻합니다. '귀'를 뜻하는 'ear'는 라틴어에서, '옥수수의 머리 부분'을 나타내는 'ear'는 독일어에서 와서 'ear'라는 단어의 의미를 더 풍부하게 해줍니다.

그리고 또 영어는 소리가 비슷한 단어도 참 많습니다. 예를 들면 'right(옳은)'와 'write(글 등을 쓰다)' 두 단어는 소리가 같습니다. 하지만 'right'는 라틴어에서, 'write'는 독일어에서 왔습니다. 결론적으로 영어는 여러 나라 말에서 단어와 소리, 뜻을 차용한 언어이므로 동의어도 많고, 하나의 단어 안에 여러 가지 뜻이 포함되어 있습니다.

03

COUNTRY

POLITICS

CIVILIZATION

NOUNS 03 COUNTRY, POLITICS, CIVILIZATION

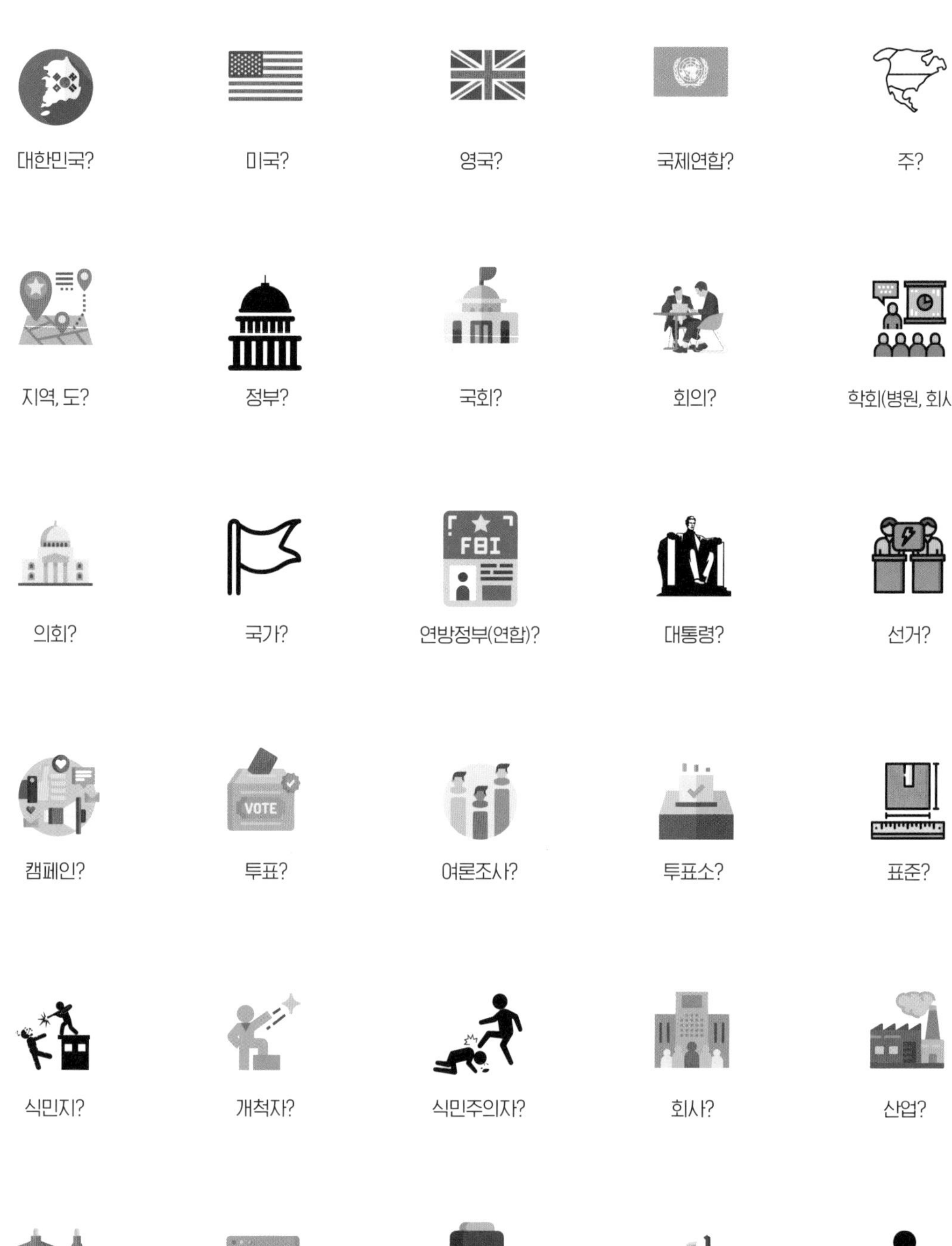

대한민국? 미국? 영국? 국제연합? 주?

지역, 도? 정부? 국회? 회의? 학회(병원, 회사)?

의회? 국가? 연방정부(연합)? 대통령? 선거?

캠페인? 투표? 여론조사? 투표소? 표준?

식민지? 개척자? 식민주의자? 회사? 산업?

패션 산업? IT산업? 철강 산업? 리더? 사장?

Words	Exercise
대한민국 **Korea** **Korea, Republic of** **South Korea** **the Republic of Korea**	
미국 **USA**(The United States of America) **America** **the States**	✎ 'united'는 '결합된', '연합한'이라는 뜻입니다.
영국 **UK**(The United Kingdom) **Britain** **England**	
국제연합 **UN, The United Nations** /jʊˌnaɪ.t̬ɪd ˈneɪ.ʃənz/	
주 **state** /steɪt/	
지역, 도 **province** /ˈprɑː.vɪns/	
정부 **government** /ˈɡʌv.ɚn.mənt/ ✎ 'gʌ' 발음은 /고/보다는 /거/에 가깝습니다.	
국회 **parliament** /ˈpɑːr.lə.mənt/ ✎ 철자는 'Parlia'로 /팔r리아–/처럼 보이지만 실제 발음은 /팔r라–/에 가깝습니다.	
회의 **meeting** /ˈmiː.t̬ɪŋ/	

Words	Exercise
학회(병원, 회사) **conference** /ˈkɑːn.fɚ.əns/	
의회 **council** /ˈkaʊn.səl/ **congress** /ˈkɑːŋ.gres/	
국가 **country** /ˈkʌn.tri/ **nation** /ˈneɪ.ʃən/	
연방정부, 연합 **federation** /ˌfed.əˈreɪ.ʃən/	
대통령 **president** /ˈprez.ɪ.dənt/	
선거 **election** /iˈlek.ʃən/	
캠페인 **campaign** /kæmˈpeɪn/	
투표 **vote** /voʊt/	
여론조사 **poll** /poʊl/	
투표소 **the polls** /poʊlz/	
표준 **standard** /ˈstæn.dɚd/	
식민지 **colony** /ˈkɑː.lə.ni/	

Words	Exercise
개척자 **pioneer** /ˌpaɪəˈnɪr/	
식민주의자 **colonialist** /kəˈloʊ.ni.ə.lɪst/	

✎ 학생들이 힘들어하는 발음입니다.
colony(식민지), colonial(식민지의), colonialist(식민주의자, 개척자) 순서대로 발음을 연습해보세요.

Words	Exercise
회사 **company** /ˈkʌm.pə.ni/ **corporate** /ˈkɔːr.pɚ.ət/ **firm** /fɝːm/	

✎ 우리가 일반적으로 '로펌(법률사무소)'이라고 부르는 단어는 영어로 'law firm'이라고 표기합니다.

Words	Exercise
산업 **industry** /ˈɪn.də.stri/	
패션 산업 **fashion industry** /ˈfæʃ.ən ˌˈɪn.də.stri/	
IT산업 **IT industry**	
철강 산업 **steel industry** /stiːl ˌˈɪn.də.stri/	
리더 **leader** /ˈliː.dɚ/	

✎ 단어 leader 리더(lead 이끌다)는 L 발음으로 시작하고, reader 독자(read 읽다)는 R 발음으로 시작합니다.
두 발음을 잘 구별하여 사용하세요.

✎ '~하다'라는 의미를 가진 단어에 '–er'이 붙으면 '~하는 사람'이라는 뜻이 됩니다. 예를 들어 '가르치다'라는 뜻을 가진 'teach'에 '–er'이 붙어서 'teacher'가 되면 '가르치는 사람(선생님)'이라는 뜻이 됩니다.

Words	Exercise
사장 **boss** /bɑːs/ **chairman** /ˈtʃer.mən/	

NOUNS 03 COUNTRY, POLITICS, CIVILIZATION

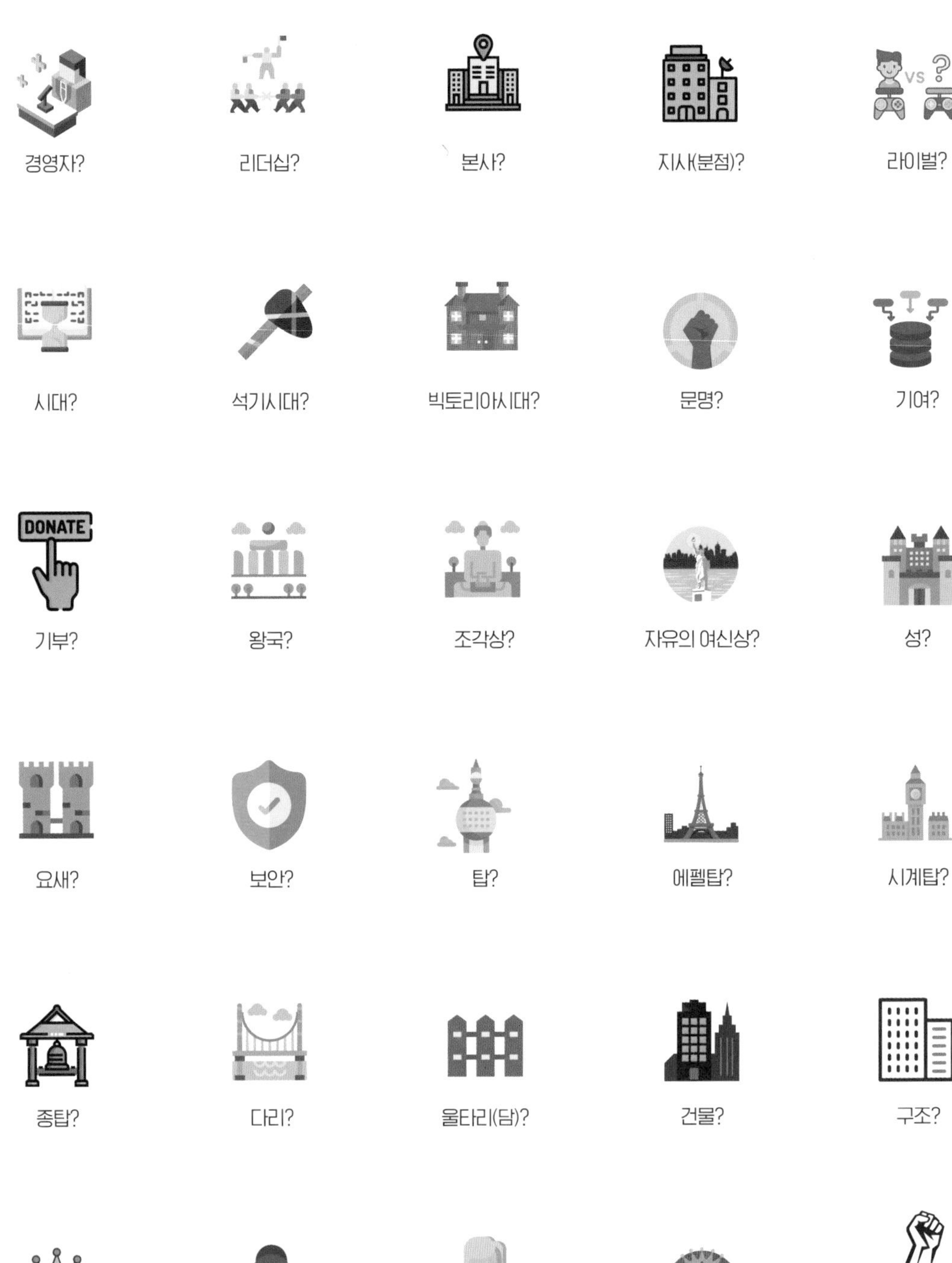

경영자? 리더십? 본사? 지사(분점)? 라이벌?

시대? 석기시대? 빅토리아시대? 문명? 기여?

기부? 왕국? 조각상? 자유의 여신상? 성?

요새? 보안? 탑? 에펠탑? 시계탑?

종탑? 다리? 울타리(담)? 건물? 구조?

왕? 여왕? 황제? 여제? 영웅? 통치자? 권력?

Words	Exercise
경영자 **CEO**(chief executive officer) /ˌtʃiːf ɪɡˌzek.jə.t̬ɪv ˈɑː.fɪ.sɚ/	
리더십 **leadership** /ˈliː.dɚ.ʃɪp/	
본사 **headquarters** /ˈhedˌkwɔːr.t̬ɚz/	
지사(분점) **branch** /bræntʃ/	
라이벌 **rival** /ˈraɪ.vəl/	
시대 **period, era, age** /ˈpɪr.i.əd/ /ˈɪr.ə/ /eɪdʒ/	
석기시대 **the Stone Age** /ˈstoʊnˌeɪdʒ/	
빅토리아시대 **the Victorian period** **the Victorian era** **the Victorian age** /vɪkˈtɔːr.i.ən/	
문명 **civilization** /ˌsɪv.əl.əˈzeɪ.ʃən/	

(headquarters) 이 단어는 특별히 철자에 유의합니다. '–s'를 제외한 'headquarter'는 '~에 본부를 두다'라는 동사입니다.

(civilization) 이 단어의 발음은 /씨v빌리z제이션/ 혹은 /씨v빌라이z제이션/으로 두 가지 발음 모두 많이 사용합니다.

Words	Exercise
기여 **contribution** /ˌkɑːn.trɪˈbjuː.ʃən/	
기부 **donation** /doʊˈneɪ.ʃən/	
왕국 **kingdom** /ˈkɪŋ.dəm/	
조각상 **statue** /ˈstætʃ.uː/	
자유의 여신상 **the Statue of Liberty** /ˌstætʃ.uː əv ˈlɪb.ɚ.t̬i/	

✎ 이 단어에서 'of'는 연음으로 처리되어 원래 발음인 /오브/가 /어브/에 가깝게 바뀝니다.

Words	Exercise
성 **castle** /ˈkæs.əl/	
요새 **fortress** /ˈfɔːr.trəs/	
보안 **security** /səˈkjʊr.ə.t̬i/	
탑 **tower** /ˈtaʊ.ɚ/	
에펠탑 **the Eiffel Tower** /ˌaɪ.fəl ˈtaʊ.ɚ/	
시계탑 **clock tower** /ˈklɑːk ˌtaʊ.ɚ/ **Big Ben**	

Words	Exercise
종탑 **bell tower** /ˈbel ˌtaʊ.ɚ/	
다리 **bridge** /brɪdʒ/	
울타리(담) **fence** /fens/	
건물 **building** /ˈbɪl.dɪŋ/	
구조 **structure** /ˈstrʌk.tʃɚ/	
왕 **king** /kɪŋ/ 여왕 **queen** /kwiːn/	
황제 **emperor** /ˈem.pɚ.ɚ/ 여제 **empress** /ˈem.prəs/	

✎ 'emperor'라는 단어는 'mirror', 'murderer', 'explorer'와 더불어 학생들이 많이 어려워하는 발음입니다. 처음부터 완벽하게 발음하기 힘드니 R이 1개만 들어가는 단어의 발음부터 먼저 많이 연습해보고, R 발음이 익숙해지면 'ror', 'rer' 등이 들어가는 단어들도 천천히, 여러 번 연습해보도록 합니다.

Words	Exercise
영웅 **hero** /ˈhɪr.oʊ/ 여자 영웅 **heroine** /ˈher.oʊ.ɪn/	

✎ 위 단어 중 heroine(여자 영웅)은 heroin(헤로인, 마약)과 철자는 1개 차이가 나며, 발음은 동일합니다.

Words	Exercise
통치자 **ruler** /ˈruː.lɚ/	
권력 **power** /ˈpaʊ.ɚ/ **authority** /əˈθɔːr.ə.t̬i/	

NOUNS 03 COUNTRY, POLITICS, CIVILIZATION

왕자? 공주?

시민?

친구?

동료?

우정?

세계?

세계지도?

지구본?

여행?

왕복여행?

편도여행?

여행가이드(사람)?

여행가이드(책)?

목적?

쓰임새(용도)?

맥가이버칼?

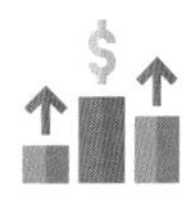

업적?

기념비?

나침반?

지도?

Words	Exercise
왕자 **prince** /prɪns/ 공주 **princess** /prɪnˈses/	
시민 **citizen** /ˈsɪt̬.ə.zən/	
친구 **friend, buddy** /frend/ /ˈbʌd.i/	
동료 **colleague** /ˈkɑː.liːg/	
우정 **friendship** /ˈfrend.ʃɪp/	
세계 **world** /wɝːld/	
세계지도 **a map of the world** **atlas** /ˈæt.ləs/	

✎ 'atlas'는 /아틀라스/가 아닌 /엣-래s/에 가까운 발음입니다.

Words	Exercise
지구본 **globe** /gloʊb/	
여행 **trip, journey, travel** /trɪp/ /ˈdʒɝː.ni/ /ˈtræv.əl/	

Words	Exercise
왕복여행 **a round trip** /ˌraʊnd ˈtrɪp/	
편도여행 **a one-way trip** /ˌwʌnˈweɪ ˈtrɪp/	
여행가이드(사람) **tour guide** /tʊr ˌɡaɪd/	
여행가이드(책) **travel guide**(book) /ˈtræv.əl ˌɡaɪd/	
목적 **purpose** /ˈpɝː.pəs/	
쓰임새(용도) **use** /juːz/	
맥가이버칼 **multi-purpose pocket knife** **(Swiss Army Knife)** /ˌmʌltiˈpɜːpəs ˌˈpɑː.kɪt.naɪf/	
업적 **achievement** /əˈtʃiː.v.mənt/	

Words	Exercise
기념비 **monument** /ˈmɑː.n.jə.mənt/	
나침반 **compass** /ˈkʌm.pəs/	
지도 **map** /mæp/	

Q&A

Q. 발음 기호를 외워야 하나요?

A. 수업하다 보면 챕터 2에서 챕터 3 중간 정도에 항상 이 질문을 받습니다. 단어 아래에 발음 기호가 적혀 있으니 '발음 기호를 외워야 하는지' 물어보며 부담을 느끼는 분들이 더러 있습니다(그래서 챕터 초반부 이후로는 발음 기호를 수록하지 않았습니다.). 일단 질문에 답변드리자면 발음 기호는 외우지 않으셔도 됩니다. **기호는 나열해두고 외우기보다는 한 번씩 보면서 친숙해지면 됩니다.** 또 기호를 전혀 읽을 줄 몰라도 영어를 구사하는 데 큰 문제가 없다는 점을 기억해주세요.

Q. 발음 기호는 어떻게 찾을 수 있나요?

A. 주로 학생들이 많이 사용하는 '네이버 사전'에서 발음 기호를 쉽게 찾아볼 수 있습니다. 그 외 공신력 있는 정보를 원하는 경우 《옥스퍼드 학습자 사전》이나 《캠브리지 사전》 등을 참고해볼 수 있습니다. 한 가지 주의할 점은 사전마다 미국식 발음(US)과 영국식 발음(UK)을 모두 적어둔 경우와, 한 가지만 적어둔 경우가 있으니 잘 보고 참고해야 합니다.

- 옥스퍼드 학습자 사전 QR 코드
  (http://www.oxfordlearnersdictionaries.com/)

- 캠브리지 사전 QR 코드
  (https:/dictionary.cambridge.org/)

Q. 이 책에 나온 발음 기호와 제가 찾은 발음 기호가 달라요. 어떻게 하죠?

A. 예를 들어 챕터 2에 등장하는 '옷걸이'라는 뜻을 가진 'hanger'의 발음은 /ˈhæŋ.ɚ/라고 표기되어 있지만 /ˈhæŋər/라고 표기할 수도 있습니다. **동일한 발음을 다른 기호로 나타내기도 하므로** 기호 자체에 부담을 가질 필요는 없습니다.

Q. 영어 단어 발음을 한글로 적어서 읽어도 될까요? 예를 들어 apple 옆에 /애플/이라고 적고 발음하는 건 어떻게 생각하세요?

네, 그렇게 하셔도 됩니다. 물론 단어 옆에 한글 발음을 모두 적어두고 한글만 보고 영어 단어나 문장을 읽으면 안 됩니다. 한국어에는 없고 영어에는 있는 F, V, R 등의 발음을 간과하기 쉽기 때문입니다. 하지만 영어 학습을 시작한 지 얼마되지 않은 기초 학습자라면 영어 발음 기호보다는 한글로 적힌 발음이 더 친근하고 편안한 느낌이 들 겁니다. 특히 단어가 아닌 문장의 발음을 한글로 하나씩 옮기다 보면 연음이 어떻게 처리되는지까지 직접 볼 수 있습니다. 예를 들어 apple이라는 단어는 단독으로는 /애플/이라고 발음하지만, 문장 속에서는 다른 발음으로 둔갑할 수 있습니다. I saw an apple on the pavement.라는 문장에서 apple은 정확히 /애플/이 아니라 앞의 an과 합쳐져서 /어내플/이라고 발음됩니다. 또 Do you want some apples?라는 문장에서 apples는 앞의 some과 합쳐져서 /써매플스/라고 발음됩니다. 어려운 단어나 긴 문장은 이렇게 한글로 바꿔서 발음해본 후 어느 정도 익숙해지면 반드시 원어민 발음을 그대로 따라 하는 연습에 초점을 맞춰야 합니다.

혹시 지금 이미 한글로 단어 발음을 적고 있다면 추천해드리고 싶은 좋은 어플이 있습니다. (수업 중 이 어플을 소개해주신 평강 님에게 감사드립니다) apple과 같은 짧고 단순한 단어는 한글로 적기 편하지만, 간혹 단어의 음절이 길어지면 한글로 옮기기 번거로워질 수 있고, 내가 옮긴 발음이 정확한지 헷갈릴 때가 있습니다. 그럴 때는 '아하 영어' 어플을 이용하여 참고하면 됩니다.

✎ 아하영어-단어장,영어사전,영한사전 QR 코드

(https://play.google.com/store/apps/details?id=com.candysoft.ahadic2&hl=en_US)

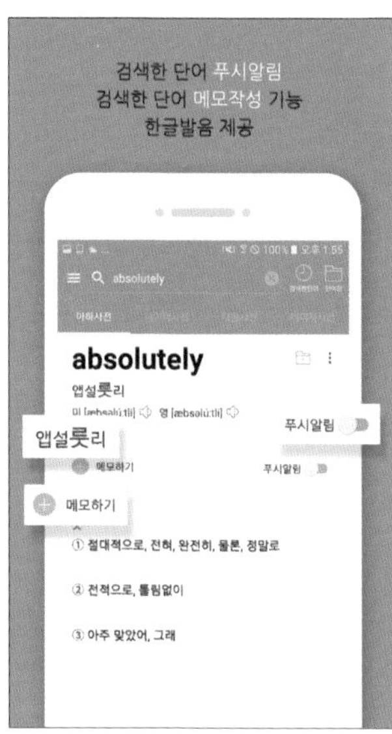

NOUNS 03 COUNTRY, POLITICS, CIVILIZATION

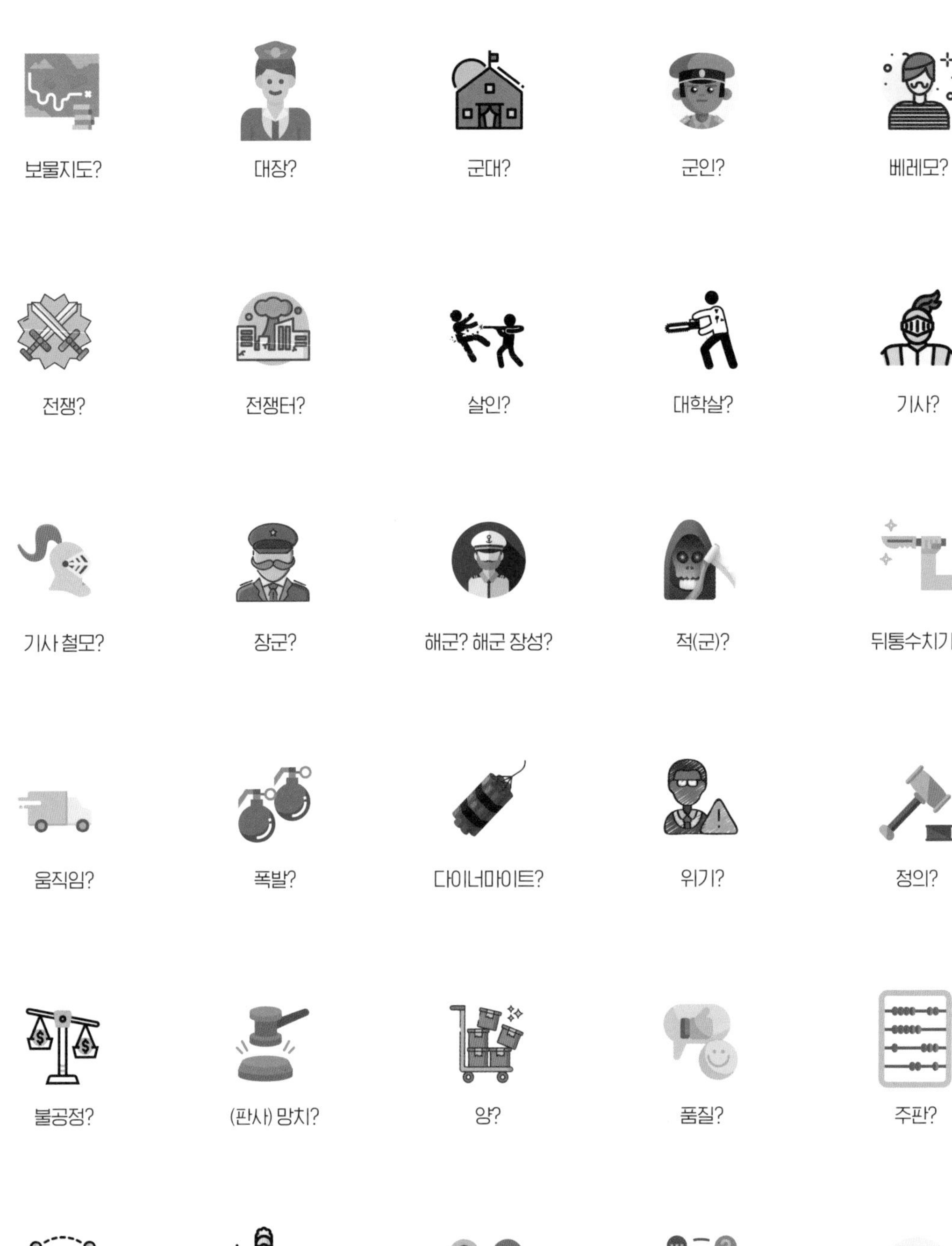

보물지도?
대장?
군대?
군인?
베레모?
전쟁?
전쟁터?
살인?
대학살?
기사?
기사 철모?
장군?
해군? 해군 장성?
적(군)?
뒤통수치기?
움직임?
폭발?
다이너마이트?
위기?
정의?
불공정?
(판사) 망치?
양?
품질?
주판?

의사소통? 윤리? 도덕? 윤리학? 21세기? 세기?

Words	Exercise
보물지도 **treasure map**	

✎ 'tr'은 'ㅊ' 발음에 가깝습니다. 이 단어는 /트/가 아닌 /츄/에 가까운 소리로 시작합니다.

대장 **captain**	

✎ 철자에 따르면 /캡테인/으로 소리나야 할 것 같지만, 실제로 /캡-튼/이라고 발음합니다.

군대 **army** **military**	
군인 **soldier**	
베레모 **beret** /bəˈreɪ/	

✎ 묵음이 있는 단어에 유의합니다. 이 단어의 't'는 발음되지 않습니다.

전쟁 **battle** **war**	
전쟁터 **battlefield**	
살인 **killing** **murder**	
대학살 **massacre**	

Words	Exercise
기사 **knight** /naɪt/	

✎ 묵음이 있는 단어에 유의합니다. 이 단어의 'k'는 발음되지 않습니다.

Words	Exercise
기사 철모 **knight's helmet**	
장군 **general**	
해군 **navy** 해군 장성 **admiral**	
적(군) **enemy**	
뒤통수치기 **backstabbing**	
움직임 **movement**	
폭발 **explosion**	

✎ 이 단어의 발음은 /ɪk'spləʊ.ʒən/ 입니다. '-sion' 발음은 /션/이 아니라 /젼/(ʒ)에 가깝습니다.

Words	Exercise
다이너마이트 **dynamite**	
위기 **crisis**	

Words		Exercise
	정의 **justice**	
	불공정 **injustice**	
	(판사) 망치 **gavel**	
	양 **quantity**	
	품질 **quality**	
	주판 **abacus**	
	의사소통 **communication**	
	윤리 **ethic**	
	도덕 **morality**	
	윤리학 **ethics**	
	21세기 **the 21st century** 세기 **century**	

✎ '~번째'라는 표현을 할 때는 숫자에 '-st'나 '-th'를 붙입니다.
first(첫 번째), second(두 번째), third(세 번째), fourth(네 번째), fifth(다섯 번째) … 21st(21번째)

NOUNS 03 COUNTRY, POLITICS, CIVILIZATION

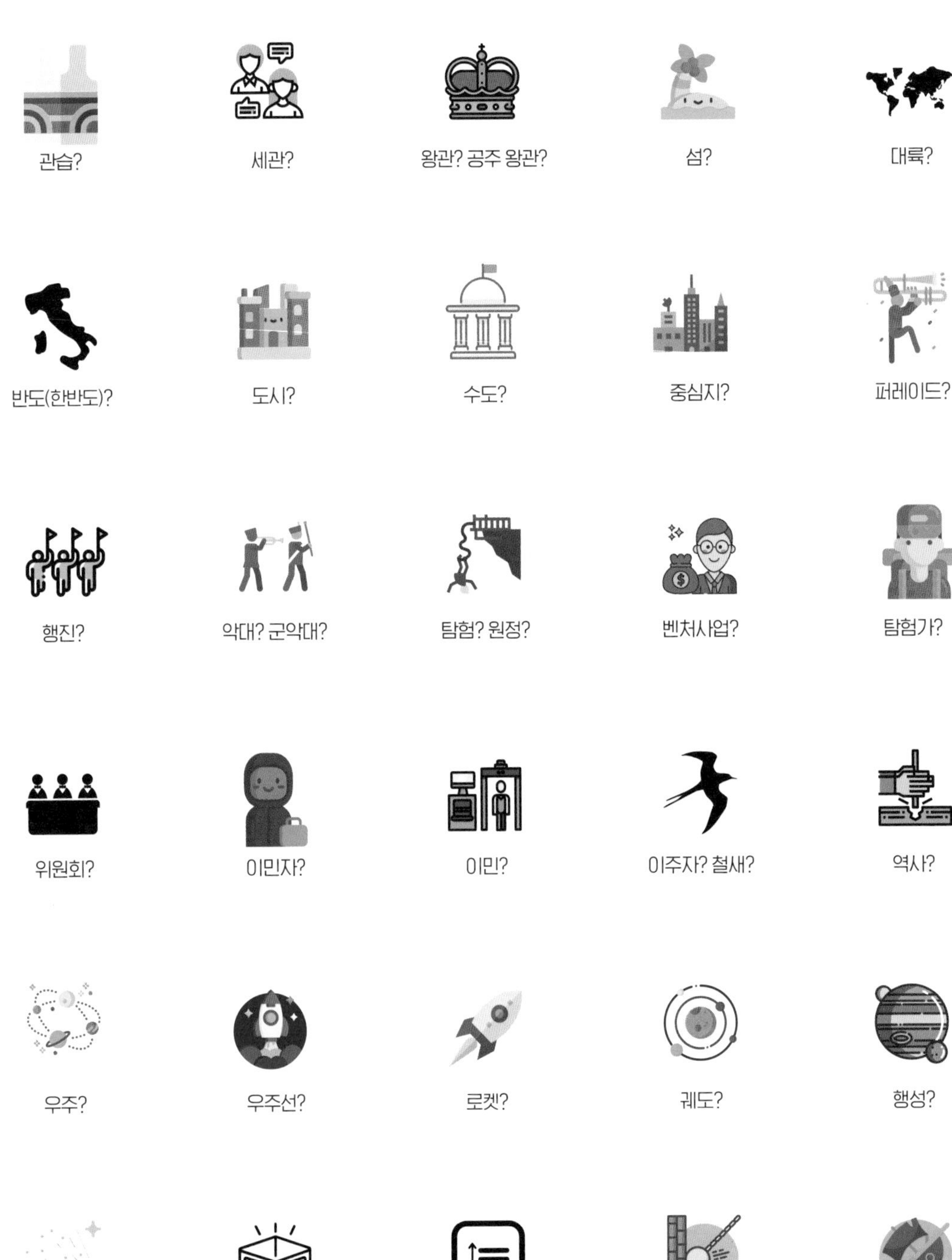

관습? 세관? 왕관? 공주 왕관? 섬? 대륙?

반도(한반도)? 도시? 수도? 중심지? 퍼레이드?

행진? 악대? 군악대? 탐험? 원정? 벤처사업? 탐험가?

위원회? 이민자? 이민? 이주자? 철새? 역사?

우주? 우주선? 로켓? 궤도? 행성?

혜성? (빈) 공간, 간격? 두 줄 띄우기? 잔해? 만신창이? 난파선?

Words	Exercise
관습 custom	
세관 customs	
왕관 crown 공주 왕관 tiara	
섬 island	
대륙 continent	
반도 peninsula 한반도 the Korean Peninsula	
도시 city	
수도 capital	
중심지 metropolis	
퍼레이드 parade	

Words	Exercise
행진 **march**	
악대 **marching band** 군악대 **military band**	
탐험, 원정 **adventure** **exploration** **expedition**	
벤처사업 **venture** **business venture**	
탐험가 **explorer**	
위원회 **committee**	
(다른 나라에서 온) 이민자 **immigrant** (다른 나라로 가는) 이민자 **emigrant**	
이민 **emigration** **immigration**	
이주자, 철새 **migrant**	
역사 **history**	

Words	Exercise
우주 **universe** **space**	
우주선 **spaceship**	
로켓 **rocket**	

✎ 이 단어의 발음은 /로켓/이 아니라 /롸킷-/에 가깝습니다.

Words	Exercise
궤도 **orbit**	
행성 **planet**	
혜성 **comet** /ˈkɑː.mɪt/	

✎ 이 단어의 발음은 /코멧/이 아닌 /커!-밋ㅌ/에 가깝습니다.

Words	Exercise
(빈) 공간, 간격 **space**	
두 줄 띄우기 **double space**	
잔해, 만신창이 **wreck**	

✎ 'wr'의 발음은 /뤄/에 가깝습니다. 이 단어의 발음은 /뤠ㅋ/입니다.

Words	Exercise
난파선 **shipwreck**	

NOUNS 03 COUNTRY, POLITICS, CIVILIZATION

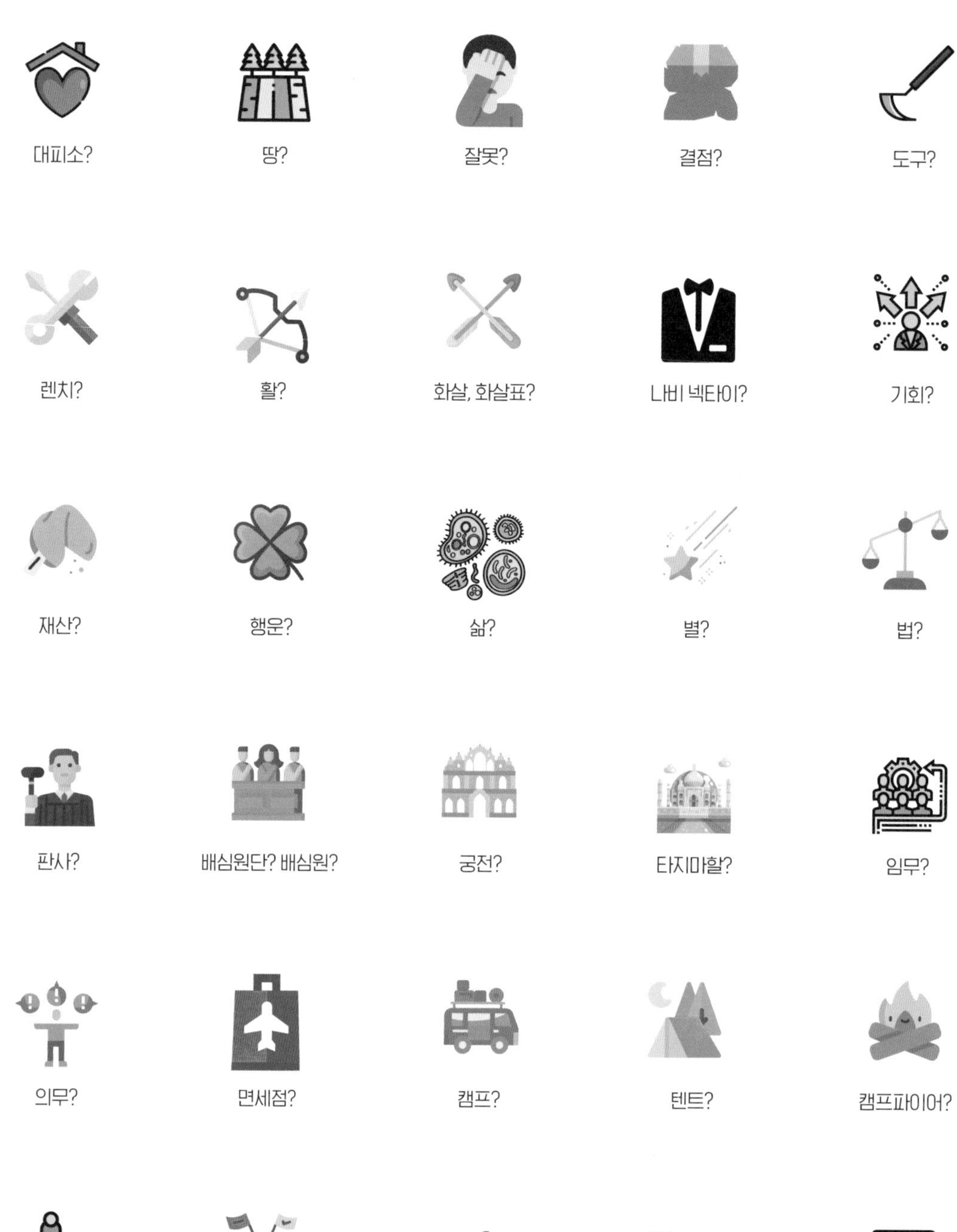

대피소?
땅?
잘못?
결점?
도구?
렌치?
활?
화살, 화살표?
나비 넥타이?
기회?
재산?
행운?
삶?
별?
법?
판사?
배심원단? 배심원?
궁전?
타지마할?
임무?
의무?
면세점?
캠프?
텐트?
캠프파이어?
단체?
조합? 노동조합?
주인?
하인? 노예?
보물? 보물상자?

Words	Exercise
대피소 **shelter**	
땅 **land** **ground**	
잘못 **fault**	
결점 **defect**	
도구 **tool**	
렌치 **wrench**	
활 **bow**	
화살, 화살표 **arrow**	
나비 넥타이 **bow tie**	
기회 **chance**	

Words	Exercise
재산 **fortune**	
행운 **luck**	
삶 **life**	
별 **star**	
법 **law**	
판사 **judge**	
배심원단 **jury** 배심원 **juror**	
궁전 **palace**	
타지마할 **Taj Mahal**	
임무 **mission**	

Words	Exercise
의무 **duty**	

✎ 이 단어는 /두리–/, /듀리–/ 혹은 /듀티/ 등으로 발음합니다.

면세점 **duty free shop**	
캠프 **camp**	
텐트 **tent**	
캠프파이어 **campfire**	

✎ 이 단어에서는 'p' 소리가 거의 들리지 않습니다.

단체 **organization**	
조합 **union** 노동조합 **labor union**	
주인 **master**	

✎ 이 단어는 /마스터/가 아닌 /매스털–/이라고 발음합니다.

하인 **servant** 노예 **slave**	
보물 **treasure** 보물상자 **treasure chest**	

NOUNS 03 COUNTRY, POLITICS, CIVILIZATION

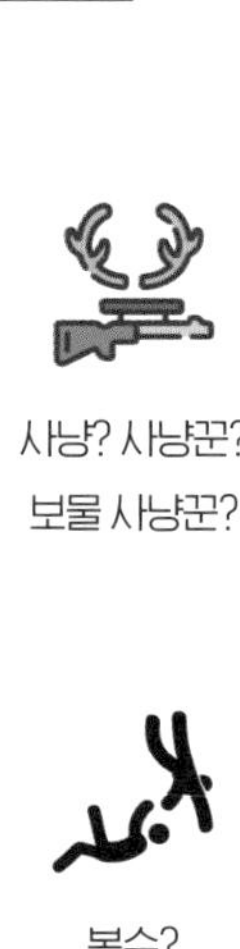

사냥? 사냥꾼?
보물 사냥꾼?

부족? 물 부족?

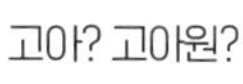

고아? 고아원?

상상력?

자유?

복수?

판타지?

용기?

의심?

자원?

광물?

직물?

돌?

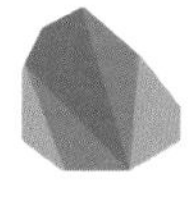

바위?

벽돌?

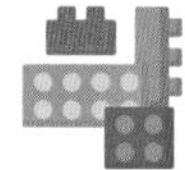

레고 블록?

금?

은?

대리석?

구슬?

빨대? 짚?

건초?

건초 마차?

망치?

철?

금속?

체인?

화석?

협상?

편지?

Words	Exercise
사냥 **hunting** 사냥꾼 **hunter** 보물 사냥꾼 **treasure hunter**	
부족 **lack, shortage** 물 부족 **water shortage**	
고아 **orphan** 고아원 **orphanage**	
상상력 **imagination**	
자유 **freedom**	
복수 **revenge**	
판타지 **fantasy**	
용기 **courage**	
의심 **doubt, suspicion**	
자원 **resource**	
광물 **mineral**	

Words	Exercise
직물 **textile**	
돌 **stone**	
바위 **rock**	

✎ 지금까지 L과 R의 발음을 잘 구별하여 발음하셨나요?
L 발음 : 앞니 뒤에 혀가 위치함(한국어로 /랄랄라/를 발음할 때보다 혀가 더 앞니 쪽으로 와야 합니다.)
R 발음 : 혀가 뒤로 말려 들어감(한국어로 /롸/를 발음할 때 혀 위치와 비슷합니다.)

Words	Exercise
벽돌 **brick**	
레고 블록 **Lego block, Lego brick**	
금 **gold**	
은 **silver**	

✎ 이 단어는 S, V, R이 모두 들어간 다소 복잡한 발음이니 발음을 여러 번 들어보면서 정확히 따라 할 수 있도록 연습합니다.

Words	Exercise
대리석 **marble**	

✎ 단어 'marble'은 우리가 주로 건물이나 바닥재, 기둥 등에서 보는 대리석 이외에 '구슬'이라는 뜻도 있습니다.
따라서 '구슬치기'는 'playing marbles'라고 표현합니다.

Words	Exercise
구슬 **beads, marbles**	

Words	Exercise
빨대, 짚 **straw**	
건초 **hay**	
건초 마차 **hay wagon**	
망치 **hammer**	
철 **iron**	
금속 **metal**	
체인 **chain**	
화석 **fossil**	
협상 **negotiation**	
타협 **compromise**	

✎ 이 단어는 /컴프로미스/가 아닌 /컴!프로마이z/에 가까운 발음입니다.

편지 **letter**	

✎ 단어 'letter'는 편지라는 뜻 이외에 '글자'라는 뜻도 있습니다. 따라서 대문자는 capital letters, upper-case letters라고 표현하며, 소문자는 small letters, lower-case letters라고 표현합니다.

Q&A

Q. 동의어는 모두 상호 교환하여 사용이 가능(interchangeable)한가요?

A. 먼저 결론을 알려드리면 '아니오'입니다. 이전에 말씀드렸듯이 영어 단어는 한 단어가 여러 의미를 지닙니다. 하지만 단어장은 보통 여러 가지 의미 중 일부만 겹칠 경우에도 '동의어'로 취급합니다. 동의어를 상호 교환하여 사용할 수 없는 이유를 예시를 통해 살펴봅시다.

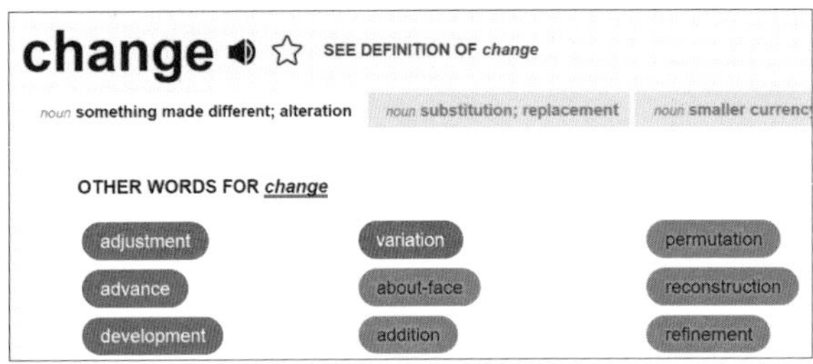

〈출처 : https://www.thesaurus.com/browse/change?s=t〉

1) 먼저 영어 동의어 사전(http://www.thesaurus.com/)에서 'change(동사)'를 검색해보았습니다. 위에서 첨부한 영어 동의어 사전에는 품사별로 동의어로 사용할 수 있는 단어들이 정리되어 있습니다. 사이트에 직접 들어가서 아무 단어나 검색해보세요. 제가 앞서 검색한 'change'를 검색해보는 것도 좋겠지요.

검색 결과를 보면 제일 처음으로 'change'가 명사로 쓰일 때의 동의어가 나옵니다. 그리고 아래에는 관련성(Relevance)의 순서, 그리고 알파벳 순서로 정리되어 있습니다. 더 관련도가 높은 단어는 진하게, 관련도가 낮은 동의어는 연하게 하이라이트되어 있습니다.

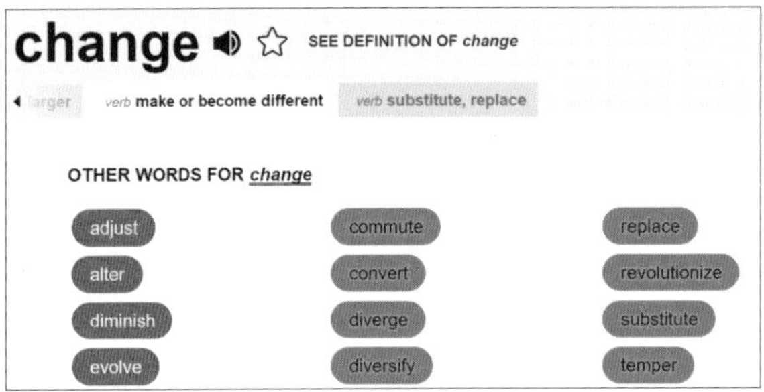

2) 명사가 아닌 다른 탭 'verb make or become different'로 넘어가서 'change'의 '동사 동의어'를 살펴봅시다. 알파벳 순서에 따라 관련도가 높은 단어가 차례로 나옵니다.

adjust(조절하다), alter(변경하다), diminish(감소하다), evolve(발전하다), fluctuate(동요하다), modify(수정하다) …
이제 이 단어들이 'change'라는 단어와 항상 상호 교환하여 사용할 수 있는지 봅시다.

일단 'change(동사)'는 다음과 같은 표현에 자주 사용합니다.

I am going to change. (옷을 갈아입을 거야)

Her mood changes every hour. (그녀의 기분은 매시간 바뀐다, 변덕스럽다)

You can't change human nature. (인간의 본성은 바꿀 수 없다)

She changed her last name when she got married. (그녀는 결혼했을 때 성을 바꾸었다)

I wouldn't change places with him. (나는 그와 입장(현재 처한 상황)을 바꾸고 싶지 않다)

*영어 문장 해석이 불가한 경우 한국말만 보셔도 무방합니다.

위 문장에서 'change'를 동의어인 'adjust, alter, diminish, evolve, fluctuate, modify…'로 바꾸면 표현이 굉장히 어색해집니다. 'I am going to change.'를 'I am going to alter.'라고 한다면 전혀 다른 의미가 됩니다. 영어뿐 아니라 모든 자연어는 단순한 '단어의 조합'이 아닙니다. **단어마다 함께 쓰는 표현이나, 그 단어를 쓰는 상황이 정해져 있으니 공식화하여 생각하지 않도록 유의해야 합니다.**

3) 마지막으로 우리가 자주 사용하는 네이버 영어사전에서 'change(동사)'의 의미인 '바꾸다'를 검색해보았습니다.

〈출처: https://bit.ly/2pQI5mo〉

영작을 공부할 때는 영어를 검색해서 뜻을 찾기보다 한국어를 검색한 다음에 적절한 영어 표현을 가져다 쓰는 경우가 더 많습니다. 그렇다면 'change'를 뜻하는 '바꾸다'를 사전에 검색해보면 어떤 단어들을 볼 수 있을까요?

제 검색 결과에서는 아래와 같은 단어가 나왔습니다.

change, switch, turn, alter, exchange, trade, replace …

유의어 사전을 통해 찾은 단어와 비슷하죠? 그러나 전에 말한 바와 같이 이 단어들도 마음대로 상호 교환해서 사용하면 안 됩니다. 네이버 영어사전에서 찾은 한국어 의미에 따른 영어 단어는 참고용으로만 사용해주세요.

Q. 동의어를 상호 교환하여 쓸 수 없다고요? 그렇다면 동의어가 적혀 있는 단어장을 외우는 것은 아무런 쓸모가 없는 건가요?

A . 영어 단어장은 거의 항상 동의어를 포함하고 있습니다. 제가 수업할 때 자주 사용하는 토마토 보카 책도 동의어가 많이 포함되어 있고, 유명한 해커스 보카 책 역시 동의어를 많이 나열해두었습니다. 동의어를 모두 암기하면 '단어를 많이 외운다'라는 의미에서는 좋은 학습법이지만, 동의어만 몇 개 외워서 서로 아무렇게나 바꾸어 쓰겠다는 생각으로 단어를 암기하는 것은 꽤 위험한 발상입니다.

단어는 반드시 '상황'과 '문맥' 속에서 자주 마주해야 합니다. 가장 이상적인 상황은 단어장에 적힌 한두 개 정도의 예문이 아니라 적어도 10개 문장이 하나의 상황을 이룰 때 그 속에서 나온 문장과 단어를 보는 겁니다. 이런 문맥은 주로 제가 블로그를 통해 자주 말씀드렸던 미국 드라마나 영국 드라마, 혹은 영화, 원서, 게임, 뉴스 기사 등에서 접할 수 있습니다.

마지막으로 change(동사)와 동의어인 단어 중 세 개 정도를 골라 간단히 예문을 살펴볼까요?

Change - Adjust - Fluctuate - Modify

adjust(조절하다) : 조금 더 좋은 방향으로 사용하기 위해 어떤 것을 바꾸다. 적응하다.

He adjusted his glasses. (그는 안경 수평을 맞추었다.)

She adjusted the car seat. (그녀는 차 좌석 높이(등을) 조정하였다.)

The kids will eventually adjust. (아이들은 결국 적응할 것이다.)

fluctuate(동요하다) : 주로 가격이나 온도 등 어떤 것의 레벨이나 강도, 가치가(자주) 변하다. 요동치다.

Oil prices fluctuated this year. (이번 해에 기름값이 자꾸 바뀌었다.)

Fluctuating meat prices. (자꾸 바뀌는 고깃값)

Her popularity has fluctuated during her term in office. (그녀는 임기 동안 인지도가 자꾸 변했다.)

In the desert, the temperature fluctuates dramatically. (사막에서는 온도가 극적으로 바뀐다.)

modify(수정하다) : 어떤 것의 일부를 수정하다. 아주 사소한 것을 수정하다.

We can help you modify an existing home. (우리가 집 리모델링을 도와줄게.)

He modified the recipe. (그는 조리법을 조금 바꾸었다.)

I want to modify this plan. (나는 이 계획을 조금 변경하고 싶다.)

04

PEOPLE
JOB
FEELING
BEHAVIOR

NOUNS 04 PEOPLE, JOB, FEELING, BEHAVIOR

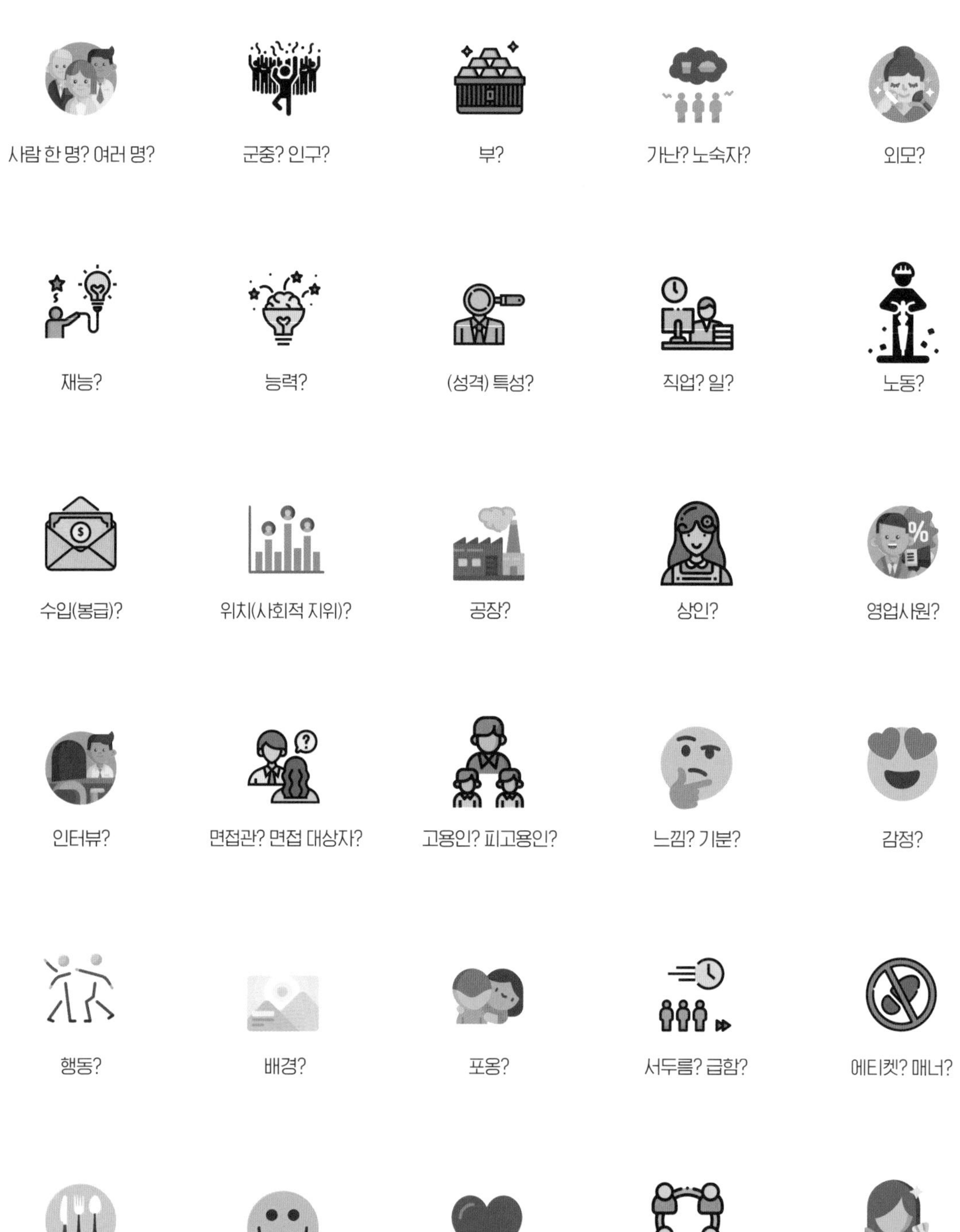

사람 한 명? 여러 명?	군중? 인구?	부?	가난? 노숙자?	외모?
재능?	능력?	(성격) 특성?	직업? 일?	노동?
수입(봉급)?	위치(사회적 지위)?	공장?	상인?	영업사원?
인터뷰?	면접관? 면접 대상자?	고용인? 피고용인?	느낌? 기분?	감정?
행동?	배경?	포옹?	서두름? 급함?	에티켓? 매너?
식사 예절?	행복?	사랑? 관대함?	(인간) 관계?	아름다움? 희망?

Words	Exercise
사람 한 명 **person** 사람 여러 명 **people**	
군중 **crowd** 인구 **population**	

✎ 위 단어에서 'popu-'의 발음은 미국식 기준으로 /파퓰/에 가깝습니다.
반면 영국식 기준으로는 /포퓰/에 가깝습니다. 둘 중 원하는 발음을 선택하여 연습하면 됩니다.

Words	Exercise
부 **wealth**	
가난 **poverty** 노숙자 **the homeless**	
외모 **look** **appearance**	

✎ 영어 단어 'appear'은 '나타나다'라는 뜻을 가진 동사입니다.
이 단어에 '-ance'가 붙은 'appearance'는 '외모, 나타남'이라는 뜻이 됩니다.

Words	Exercise
재능 **talent**	
능력 **ability**	
(성격)특성 **personality** **character**	
직업 **job** 일 **work**	

Words	Exercise
노동 **labor**	
수입(봉급) **salary** **income**	
위치(사회적 지위) **status, social status**	
공장 **factory**	
상인 **trader, merchant** (구식)	
영업사원 **salesman**	

이 단어에서 'man'은 /맨/보다는 /먼/에 가까운 발음입니다.

Words	Exercise
인터뷰 **interview**	
면접관 **interviewer** 면접 대상자 **interviewee**	
고용인 **employer** 피고용인 **employee**	

'고용하다'라는 뜻을 가진 'employ'라는 단어와 발음을 잘 구별하도록 합니다.

Words	Exercise
느낌 **feeling** 기분 **mood**	

Words		Exercise
	감정 **feelings**	
	행동 **action**	
	배경 **background**	
	포옹 **hug**	
	서두름, 급함 **hurry, rush**	
	에티켓 **etiquette** 매너 **manner**	

✎ 위 단어 중 'etiquette'의 뒷부분 'quette'는 /퀫/이 아닌 /킷/으로 발음해주세요.

	식사 예절 **table manners** **table etiquette**	
	행복 **happiness**	
	사랑 **love** 관대함 **generosity**	

✎ 'generous'라는 단어는 '관대한'이라는 의미를 가진 형용사입니다.

	(인간)관계 **relationship**	
	아름다움 **beauty** 희망 **hope**	

NOUNS 04 PEOPLE, JOB, FEELING, BEHAVIOR

비밀?

화? 문제?

거짓말?

평화? 비둘기?

(요술램프) 지니?

선물?

약속?

매력?

성공? 존경?

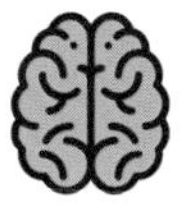
인류?

자부심?

기쁨(즐거움)?

책임?

온건(절제)?

배역(출연자)? 역할?

혜택? 현금 혜택?

도둑?

은행?

은행 직원?

은행 계좌? 펀드?

모바일뱅킹?

배관공?

집배원?

(택배/음식) 배달원?

경찰?

범죄? 유죄(죄책감)?

범죄자?

목격자?

수갑?

사건? 경우?

Words	Exercise
비밀 **secret**	
화 **anger** 문제(골칫거리) **trouble** **problem**	
거짓말 **lie**	
평화 **peace** 비둘기 **dove**	

✎ 비둘기를 뜻하는 단어 'dove'의 발음은 /도브/보다는 /더브/에 가깝습니다.

Words	Exercise
(요술램프) 지니 **Genie**	
선물 **gift** **present**	
약속 **promise**	
매력 **charm**	
성공 **success** 존경 **respect**	

Words	Exercise
인류 **humanity**	
자부심 **pride**	
기쁨(즐거움) **pleasure**	
책임 **responsibility**	

✎ 단어 'responsible'은 '책임이 있는'이라는 뜻을 가진 형용사입니다.

Words	Exercise
온건(절제) **moderation**	
배역(출연자) **cast** 역할 **role**	
혜택 **benefit** 현금 혜택 **cash benefit**	
도둑 **thief, robber**	
은행 **bank**	
은행 직원 **bank teller**	
은행 계좌 **bank account** 펀드 **fund**	

Words	Exercise
모바일뱅킹 **mobile banking**	
배관공 **plumber**	
집배원 **mailman, postman**	
(택배/음식) 배달원 **deliveryman/guy** **delivery boy/girl**	
경찰 **police** **policeman** **police officer**	
범죄 **crime** 유죄(죄책감) **guilt**	
범죄자 **criminal**	
목격자 **witness**	
수갑 **handcuffs**	

✎ 수갑을 뜻하는 단어는 '-s'로 끝납니다. 이렇게 한 쌍이 하나의 물건인 경우(예를 들어 가위를 뜻하는 scissors, 바지를 뜻하는 pants나 trousers, 안경을 뜻하는 glasses, 신발을 뜻하는 shoes 등)에는 항상 뒤에 '-s'를 붙여서 표현합니다.

사건, 경우 **case**	

NOUNS 04 PEOPLE, JOB, FEELING, BEHAVIOR

클립보드?

고객?

고객 서비스?

대리인?

부동산중개인?

특허? 특허 변호사?

엔지니어?

건축가?

사진사?

모델? 마네킹?

비서?

웨이터?

치과의사?

의사?

광부? 광산?

우주비행사?

우주선?

아나운서? 뉴스앵커?

수의사?

파일럿?

소방관?

간호사?

운동선수?

남자? 여자?(1명)

남자? 여자?(여러 명)

보험설계사?

선생님?

축구선수? 야구선수?

배우?

검사? 판사?

Words	Exercise
클립보드 **clipboard**	
고객 **client** **customer**	
고객 서비스 **customer service**	
대리인 **agent**	
부동산중개인 **real estate agent**	
특허 **patent** 특허 변호사 **patent lawyer**	
엔지니어 **engineer**	
건축가 **architect**	
사진사 **photographer** /fəˈtɑː.ɡrə.fɚ/	

✎ 이 단어는 특히 강세에 유의하세요. /퍼f터!그래f퍼r/라고 발음합니다.
'사진'을 뜻하는 단어 'photography' 역시 강세가 앞에 있습니다(/fəˈtɑː.ɡrə.fi/).

Words	Exercise
모델 **model** 마네킹 **mannequin** /ˈmæn.ə.kɪn/	

✎ 위 단어 중 'mannequin'의 뒷부분 'quin'은 /퀸/이 아닌 /킨/으로 발음해주세요.

Words	Exercise
비서 **secretary**	
웨이터 **waiter**	
치과의사 **dentist**	
의사 **doctor**	
광부 **miner** 광산 **mine**	
우주비행사 **astronaut**	
우주선 **spacecraft** **UFO**(**unidentified flying object**)	

✎ 영어 단어 'identified'는 '확인된, 인식된'이라는 뜻이며 'unidentified'는 '확인되지 않은, 신원 불명의'라는 뜻입니다.

Words	Exercise
아나운서 **announcer** 뉴스앵커 **news anchor**	
수의사 **vet, veterinarian**	
파일럿 **pilot**	
소방관 **firefighter, fireman**	

Words	Exercise
간호사 **nurse**	
운동선수 **sportsman** **sportswoman** **athlete**	
남자, 여자(1명) **man, woman**	
남자, 여자(여러 명) **men, women**	

✎ man의 발음은 /mæn/이며 men의 발음은 /men/입니다. 소리 자체는 유사하지만 /men/이 조금 더 짧은 발음입니다. /mæn/발음은 /맨!/보다는 /메엔/에 가깝습니다.

✎ woman의 발음은 /ˈwʊmən/(워먼)이며 women의 발음은 /ˈwɪmɪn/(위민)입니다. man/men 발음보다 더 큰 차이가 있으니 유의해주세요.

Words	Exercise
보험설계사 **insurance broker** **insurance planner** **insurance salesman**	
선생님 **teacher**	
축구선수 **soccer player** 야구선수 **baseball player**	
(남자) 배우 **actor** 여배우 **actress**	
검사 **prosecutor** 판사 **judge**	

NOUNS 04 PEOPLE, JOB, FEELING, BEHAVIOR

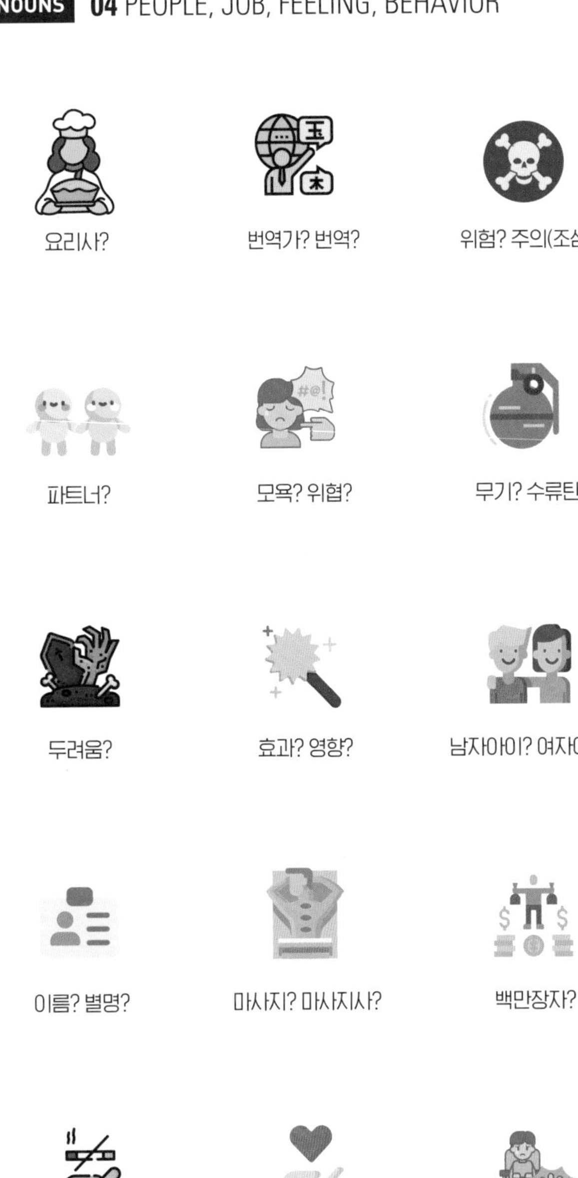

요리사?
번역가? 번역?
위험? 주의(조심)?
놈팽이?
이력서?

파트너?
모욕? 위협?
무기? 수류탄?
권총?
타겟? 범위?

두려움?
효과? 영향?
남자아이? 여자아이?
신사? 숙녀?
난쟁이? 호빗?

이름? 별명?
마사지? 마사지사?
백만장자?
변명?
목소리?

습관? 버릇?
호의?
편견?
회원?
마인드(정신)?

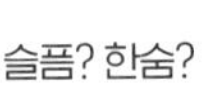

슬픔? 한숨?

수치심?

비판(비평)?

연예인? 공인?

인종차별?

Words	Exercise
요리사 **cook, chef**	
번역가 **translator** 번역 **translation**	
위험 **danger** 주의(조심) **caution**	
놈팡이 **bum**	
이력서 **resume**	
이력서를 뜻하는 단어 'resume'는 /레주메/와 유사한 발음이 납니다. 다만 동일한 이 단어가 '다시 시작하다'라는 의미로 사용될 때는 발음이 /리즘/으로 변합니다.	
파트너 **partner**	
모욕 **insult** 위협 **threat**	
무기 **weapon** 수류탄 **grenade**	
권총 **gun, pistol** 샷건 **shotgun**	

Words	Exercise
타겟 **target** 범위 **range**	
두려움 **terror** **fear** **fright**	
효과 **effect** 영향 **influence**	
남자아이 **boy** 여자아이 **girl**	
신사 **gentleman** 숙녀 **lady**	
난쟁이 **dwarf** 호빗 **hobbit**	
이름 **name** 별명 **nickname**	
마사지 **massage** 마사지사 **masseuse**(여자) **masseur**(남자)	
백만장자 **millionaire**	

Words	Exercise
변명 **excuse** **blah blah blah**	
목소리 **voice**	
습관, 버릇 **habit**	
호의 **goodwill** **favor**	
편견 **prejudice**	
회원 **member**	
마인드(정신) **mind**	
슬픔 **sadness** 한숨 **sigh**	
수치심 **shame**	
비판(비평) **criticism**	
연예인, 공인 **entertainer, celebrity, super star**	
인종차별 **racism**	

Q&A

Q. 그냥 외우다 보니 생각난 건데요, 왜 명사부터 배우나요?

A. 인간의 언어 학습 순서를 고려해봤을 때, 명사를 먼저 배우는 게 훨씬 수월하기 때문입니다. 아기들은 '엄마', '아빠', '밥', '물', '사탕', '과자' 등과 같은 명사부터 먼저 배우고 말하게 됩니다. 아이가 사물의 이름부터 먼저 배우는 이유는 일단 그 이름을 알아야만 사물을 부를 수 있고, 또 그 사물을 요구할 수 있기 때문이지요. 아이들에게는 특정 사물을 요구할 수 있다는 자체가 생존과 밀접하게 연관되어 있습니다. 추상적인 개념이 아닌 보고, 듣고 만질 수 있는 실존 사물은 다른 단어보다 암기하기 훨씬 수월합니다. 외국어를 처음 배우는 학습자는 비록 성인일지라도 하루에 소화할 수 있는 새로운 외국어 정보의 양과 종류가 매우 제한적입니다. 그래서 가장 배우기 수월한 명사 편을 먼저 실었습니다.

Q. 명사를 배우는 데 이미지는 왜 필요한가요?

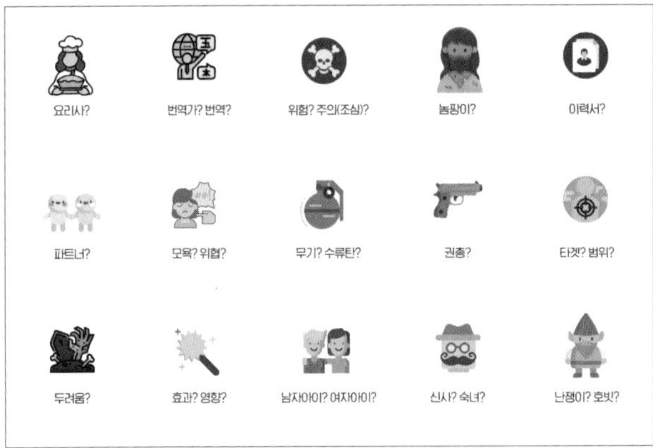

이 책에는 명사뿐 아니라 동사, 형용사 등을 배울 때도 이미지가 등장합니다. 그 이유는 인간의 뇌는 어떤 개념을 머리에 정리할 때 '문자'로 저장하지 않기 때문입니다. 지금 당장 '사과'를 떠올려보세요. 또 '코끼리'도 떠올려봅시다. 'ㅅ+ㅏ+ㄱ+ㅗ+ㅏ' 또는 'ㅋ+ㅗ+ㄲ+ㅣ+ㄹ+ㅣ'라는 자음과 모음의 조합이 머리에 떠오르시나요? 아니면 빨간색, 혹은 초록색의 먹음직스러운 사과가 떠오르시나요? 머릿속으로 상상한 사과의 차가운 질감마저 느껴지시나요? 코끼리는 어떤가요? 우리가 동물원에서 보는 회색의 큰 코끼리가 떠오르지 않으신가요? 이런 현상을 이용하기 위해 단순화된 그림을 수록하게 되었습니다.

Q. 책에 실린 영어 단어는 얼마나 열심히 암기해야 하나요?

A. 명사 편을 진행하면서 이 질문을 가장 많이 받은 것 같아요. 아무래도 제가 스파르타식 공부법을 자주 이야기해서 기초 수준의 책을 보는 분들도 부담을 느끼시는 것 같아요. 이왕에 할 일, 그냥 한 번에 확실히 외우라고 말씀드리고 싶지만, 꼭 그래야 하는 건 아닙니다.

모든 학습은 '반복'만이 살 길입니다. 그래서 이 문법서에서는 명사 편에 나왔던 단어가 관사 편에, 또 형용사 편에, 또 전치사, 동사 편에 계속 등장합니다. 가장 이상적인 실력은 '한글 뜻'을 보았을 때 '영어 단어'를 철자 하나 틀리지 않고 적고, 강세도 틀리지 않고 발음하는 겁니다. 그러나 그건 처음부터 너무 심한 요구일지도 모른다는 생각이 듭니다. 그래서 제가 당장 요구하는 실력은 '영어 단어'를 보고 '한글 뜻'을 적을 수 있고, 또 그 영어 단어를 틀리지 않고 발음할 수 있는 정도입니다.

05

FIGURE

SHAPE

SPECIAL CHARACTERS

NOUNS 05 FIGURE, SHAPE, SPECIAL CHARACTERS

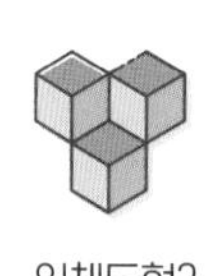

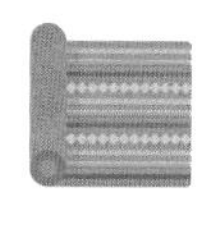

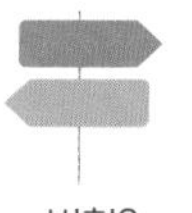

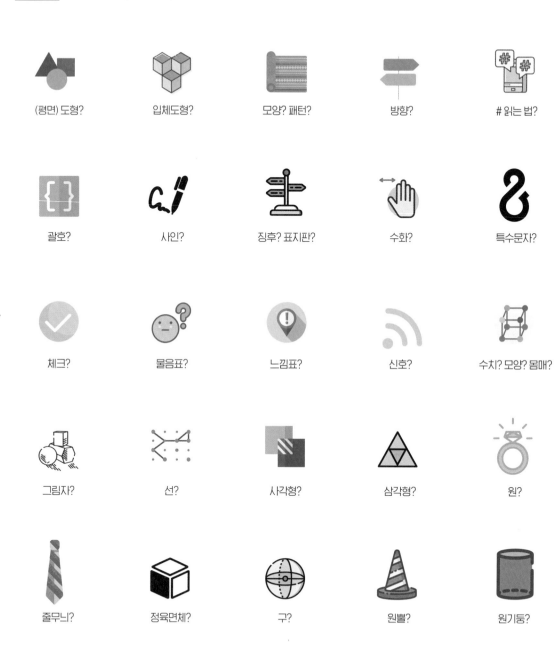

(평면) 도형? 입체도형? 모양? 패턴? 방향? # 읽는 법?

괄호? 사인? 징후? 표지판? 수화? 특수문자?

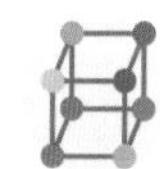

체크? 물음표? 느낌표? 신호? 수치? 모양? 몸매?

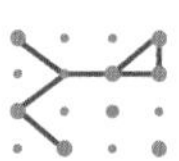

그림자? 선? 사각형? 삼각형? 원?

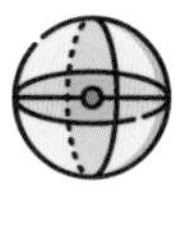

줄무늬? 정육면체? 구? 원뿔? 원기둥?

윗부분? 아랫부분? 모서리? 변(도형의 변)? 안쪽? 바깥쪽? 크기?

Words	Exercise
(평면) 도형 (plane) **figure**	
입체도형 **solid figure**	
모양, 패턴 **shape** **pattern**	
방향 **direction**	

✎ 이 단어는 /다이렉션/ 혹은 /디렉션/ 중 편한 발음으로 선택하시면 됩니다.

Words	Exercise
# 읽는 법 **hashtag** **sharp sign** **number sign**	
괄호 **brackets** **parentheses**(복수) **parenthesis**(단수)	
사인 **signature**	
징후, 표지판 **sign**	
수화 **sign language**	
특수문자 **special character**	

Words	Exercise
체크 **check**	
물음표 **question mark**	
느낌표 **exclamation point** **exclamation mark**	
신호 **signal**	
수치, 모양, 몸매 **figure** 6자리 숫자의 **six-figure** 키가 큰 모습 **a tall figure**	
그림자 **shadow**	
선 **line**	
사각형 **rectangle**	
삼각형 **triangle**	
원 **circle** **ring**	

Words	Exercise
줄무늬 **stripe**	
정육면체 **cube**	
구 **sphere**	

✎ 'ph'는 'f' 발음이 납니다. 이 단어의 발음은 /스p피어r/가 아닌 /스f피어r/에 가깝습니다.

Words	Exercise
원뿔 **cone**	
원기둥 **cylinder**	
윗부분 **top** 아랫부분 **bottom**	
모서리 **corner** **edge**	
변(도형의 변) **side**	
안쪽 **inside** 바깥쪽 **outside**	
크기 **size**	

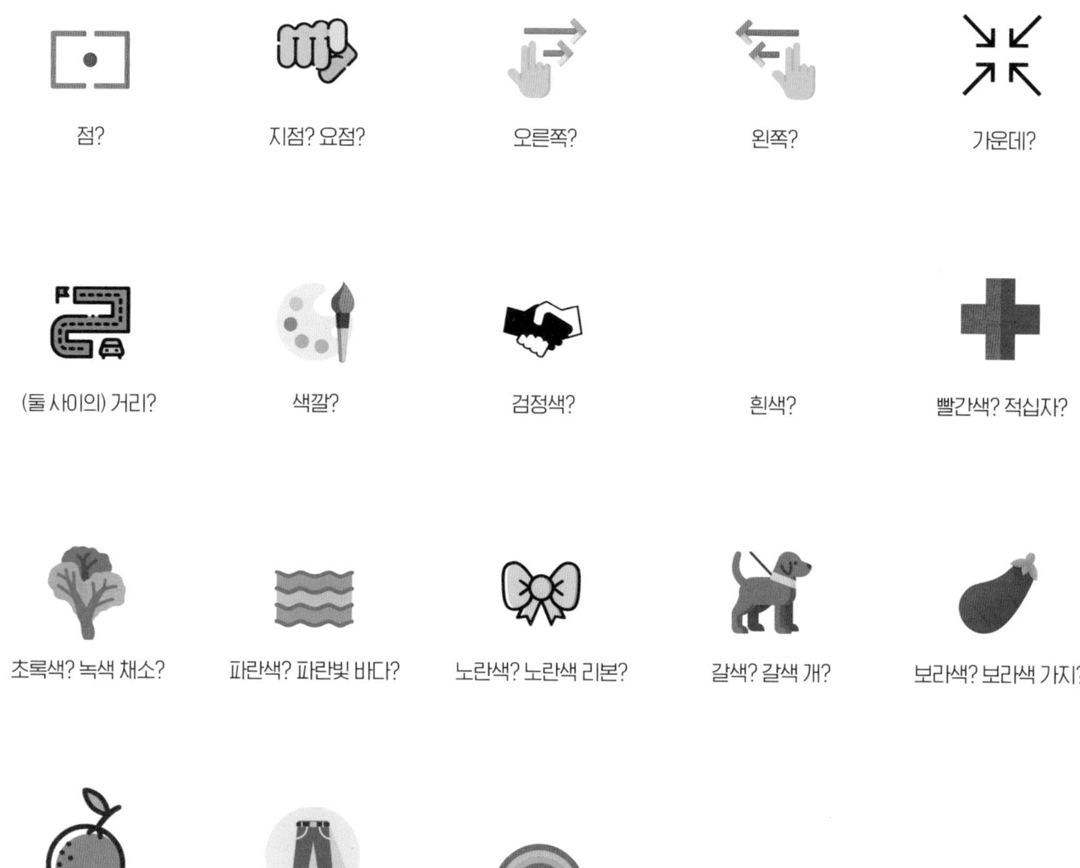
점?
지점? 요점?
오른쪽?
왼쪽?
가운데?
(둘 사이의) 거리?
색깔?
검정색?
흰색?
빨간색? 적십자?
초록색? 녹색 채소?
파란색? 파란빛 바다?
노란색? 노란색 리본?
갈색? 갈색 개?
보라색? 보라색 가지?
주황색? 귤?
남색?
무지개?

Words	Exercise
점 **spot** (얼룩) **dot**	
지점, 요점 **point**	
오른쪽 **right**	
왼쪽 **left**	
가운데 **middle** **center**	
(둘 사이의) 거리 **distance**	
색깔 **color**	
검정색 **black** 흰색 **white**	
빨간색 **red** 적십자 **Red Cross**	
초록색 **green** 녹색 채소 **green vegetable**	

✎ 'vegetable'을 /베지테이블/이라고 발음하지 않도록 유의합니다.

Words	Exercise
파란색	
blue	
파란빛 바다	
blue ocean	
노란색	
yellow	
노란색 리본	
yellow ribbon	
갈색	
brown	
갈색 개	
brown dog	
보라색	
purple	
보라색 가지	
purple eggplant	
주황색, 귤	
orange	
tangerine	
남색	
indigo	
무지개	
rainbow	

NOTES

Q&A

Q. 이제 챕터 중반쯤 오니 슬슬 지겨워집니다. 그래도 다 끝내고 싶은데 어떻게 해야 할까요?

A. 그래도 벌써 챕터 5까지 오셨군요! 축하드립니다. 이 책은 아주, 아주 쉬운 내용으로만 구성되어 있지만 그래도 '문법책'인지라 흥미가 좀 떨어질 수 있습니다. 학습자의 평소 성격에 따라 다르지만 자주 지루함을 느끼는 분들은 영어 공부를 할 때 한 가지만 정해두고 끝장을 보려고 하는 것보다 2~3개의 활동을 동시에 하는 게 좋습니다. **문법책은 문맥도 없고 지루하기 쉬우니 다른 재미있는 활동을 곁들여 보세요.** 평소에 해오던 다른 공부가 있다면 재개해도 좋고, 아니면 새로운 활동을 더해보는 것도 좋습니다.

〈추천 활동〉

미국(영국) 드라마 보기

미국(영국) 드라마 쉐도잉하기

초보용 원서 골라서 읽기

초보용 원서 필사하기

뉴스, 신문, 잡지 기사 골라서 읽기

PS4, Xbox, PC 등 영어로 설정하고 게임하기

TED 5분 미만 영상 골라 보기

원어민이 진행하는 유튜브 영상 보기(분야는 자유롭게 골라 보세요. 메이크업 튜토리얼 영상도 괜찮습니다.)

06

SCHOOL

CLASS

COMMUNICATION

NOUNS 06 SCHOOL, CLASS, COMMUNICATION

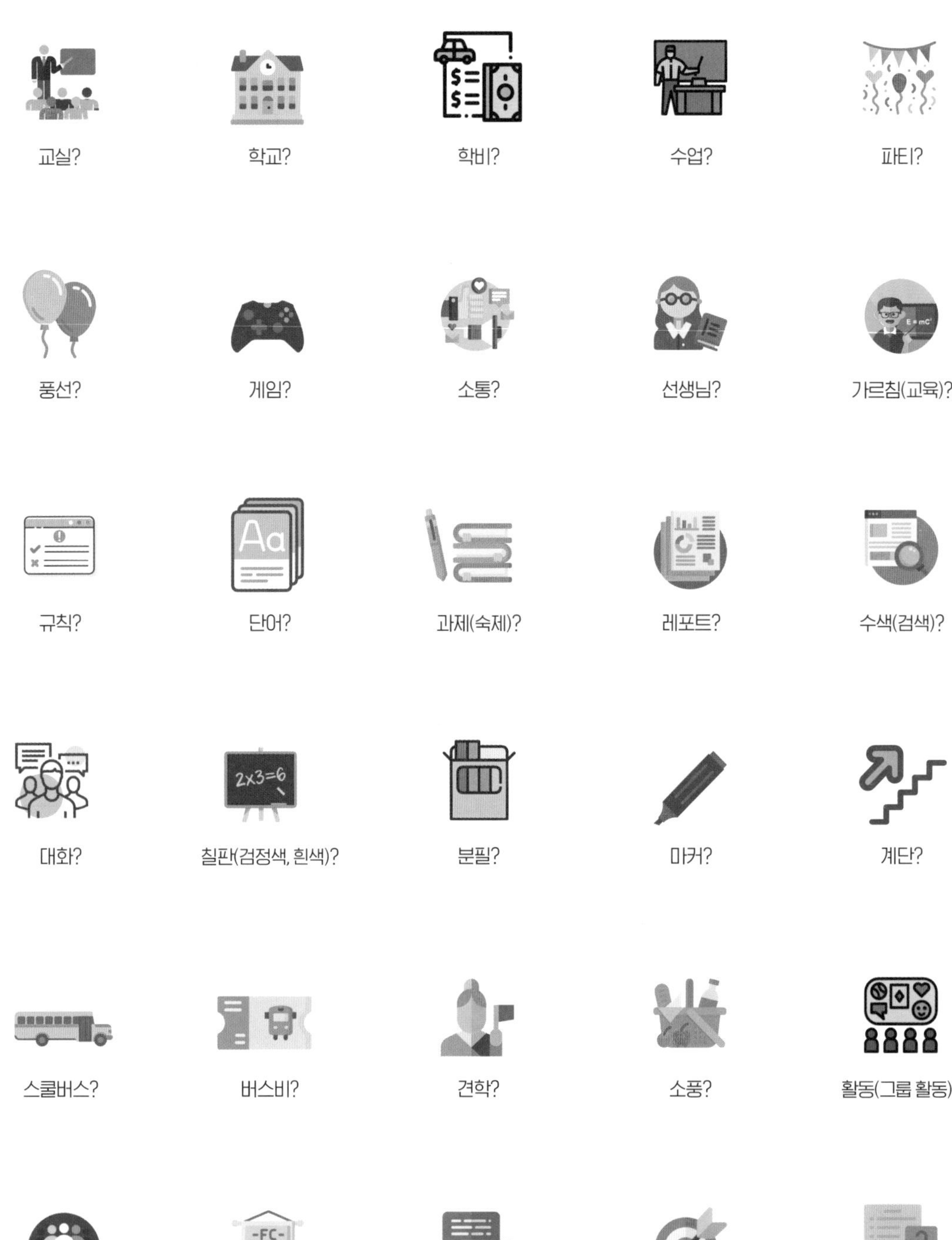

교실?	학교?	학비?	수업?	파티?
풍선?	게임?	소통?	선생님?	가르침(교육)?
규칙?	단어?	과제(숙제)?	레포트?	수색(검색)?
대화?	칠판(검정색, 흰색)?	분필?	마커?	계단?
스쿨버스?	버스비?	견학?	소풍?	활동(그룹 활동)?
그룹?	클럽(동아리)?	주제?	집중?	허가?

Words	Exercise
교실 **classroom**	
학교 **school**	
학비 **school tuition fees**	

✎ 학비는 영어로 school tuition fees, tuition fees, school tuition 등으로 다양하게 표현할 수 있습니다. 다만 tuition에 's'를 붙인 tuitions라고 하지는 않으니 유의하세요.

Words	Exercise
수업 **class** **lecture** **lesson**	

✎ 수업을 뜻하는 단어는 class, lecture, lesson 이외에도 course, training, session 등 다양하게 표현할 수 있습니다. '수업'이라는 단어 주위에 어떤 의미를 가진 단어가 오느냐에 따라 차별적으로 선택해서 사용해야 합니다. 예를 들어 guitar lesson이라는 표현은 자연스럽지만, guitar lecture라는 표현은 사용 빈도가 매우 낮습니다.

Words	Exercise
파티 **party**	
풍선 **balloon**	
게임 **game**	
소통 **communication**	
선생님 **teacher**	
가르침(교육) **teaching**	

Words	Exercise
규칙 **rule**	
단어 **word** **vocabulary**	
과제(숙제) **homework** **assignment**	
레포트 **report**	
수색, 검색 **search**	
대화 **conversation** **dialog** **chat**	
칠판(검정색, 흰색) **blackboard** **whiteboard**	
분필 **chalk**	
마커 **marker**	
계단 **stairs**	

Words	Exercise
스쿨버스 **school bus**	
버스비 **bus fare**	
견학 **field trip**	
소풍 **picnic**	
활동(그룹 활동) **activity** **group activity**	
그룹 **group**	
클럽(동아리) **club**	
주제 **topic** **issue**	
집중 **focus** **attention**	
허가 **permission**	

NOUNS 06 SCHOOL, CLASS, COMMUNICATION

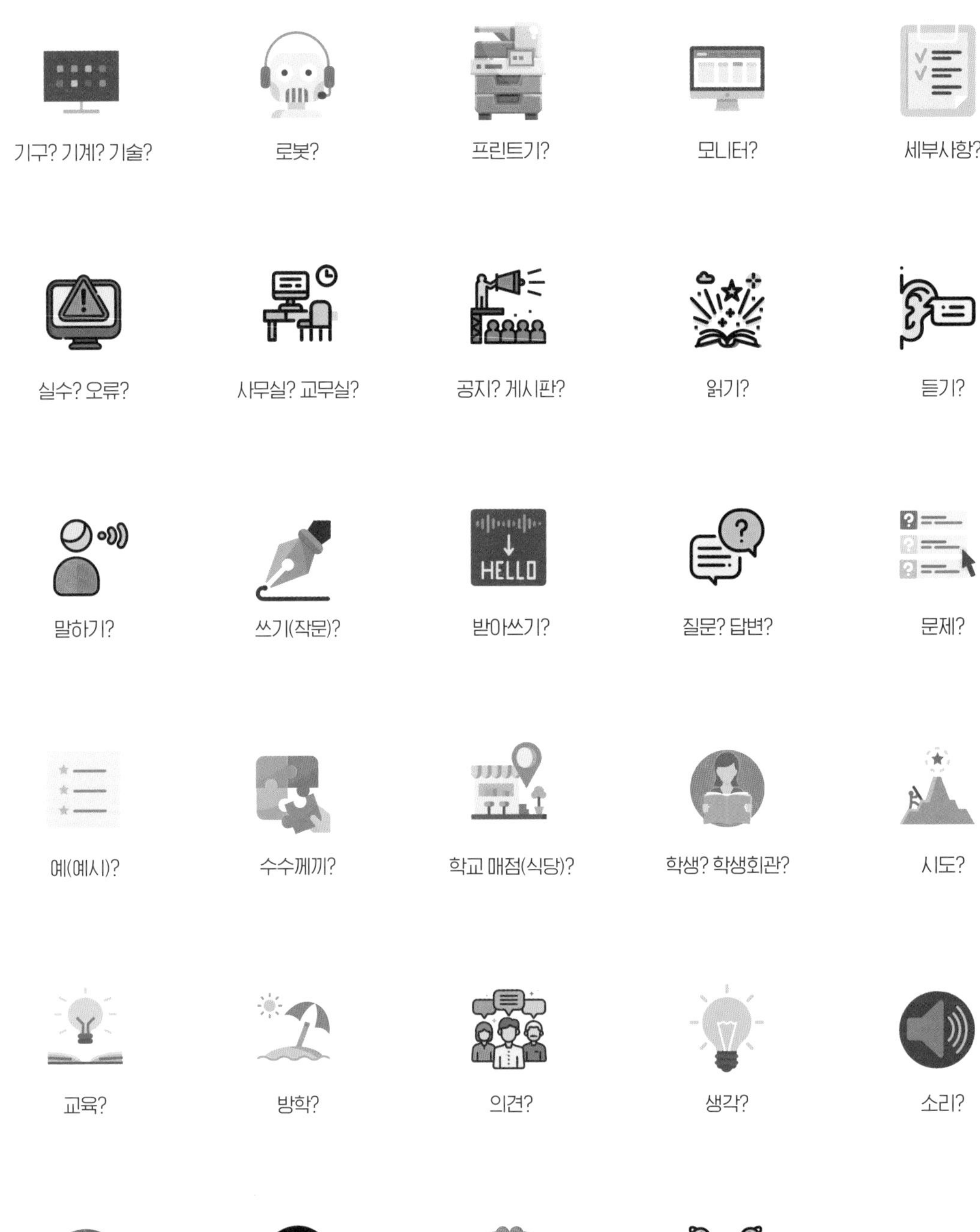

기구? 기계? 기술?
로봇?
프린트기?
모니터?
세부사항?
실수? 오류?
사무실? 교무실?
공지? 게시판?
읽기?
듣기?
말하기?
쓰기(작문)?
HELLO
받아쓰기?
질문? 답변?
문제?
예(예시)?
수수께끼?
학교 매점(식당)?
학생? 학생회관?
시도?
교육?
방학?
의견?
생각?
소리?
50
한계?
정보?
지식?
노하우?
교훈?

Words	Exercise
기구 **device** 기계 **machine** 기술 **technology**	
로봇 **robot**	

✎ 이 단어의 발음은 /r로봇/보다는 /r로우밧/에 가깝습니다.

Words	Exercise
프린트기 **copy machine** **photocopier** **copier**	
모니터 **monitor**	
세부사항 **detail**	
실수 **mistake** **error**	
사무실 **office** 교무실 **teachers' office, teachers' lounge**	
공지 **notice** 게시판 **bulletin board**	
읽기 **reading**	

Words	Exercise
듣기 **listening**	
말하기 **speaking** **talking**	
쓰기(작문) **writing**	
받아쓰기 **dictation**	
질문 **question** 답변 **answer**	
문제 **problem**(문제) **question**(질문)	
예(예시) **example** **instance**	
수수께끼 **riddle** **puzzle**	
학교 매점(식당) **school cafeteria**	
학생 **student** 학생회관 **student center**	

Words	Exercise
시도 **try, attempt**	
교육 **education**	
방학 **vacation** **break** /breɪk/	

✎ 여름 방학은 'summer break'라고 표현합니다.
자동차 브레이크를 뜻하는 brake와 발음은 동일하지만, 철자가 다르니 유의해 주세요.

Words	Exercise
의견 **opinion**	
생각 **idea, thought**	
소리 **sound**	
한계 **limit**	
정보 **information**	
지식 **knowledge**	
노하우 **know-how**	
교훈 **proverb**	

NOUNS 06 SCHOOL, CLASS, COMMUNICATION

지혜?

행? 열?

문장?

라디오? 오디오?

상징(기호)?

그림?

사진?

축제?

퍼레이드?

사건(행사)?

추측?

저울? 체중계?

부엌용 저울?

대학교?

교장?

자원봉사자?

출처(원천)?

학점?

교과서?

과목?

학년? 등급?

메시지?

시험?

결과? 성적?

점수?

기록?

묘사?

학위?

걸음?

유치원?

Words	Exercise
지혜 **wisdom**	
행 **row** 열 **column**	
문장 **sentence**	
라디오 **radio** 오디오 **audio**	
상징(기호) **symbol**	
그림 **painting** **picture**	
사진 **picture** **photo**	
축제 **festival**	
퍼레이드 **parade**	
사건, 행사 **event**	

Words	Exercise
추측 **guess**	
저울 **scale** 체중계 **bathroom scale**	
부엌용 저울 **kitchen scale**	
대학교 **university** **college**	
교장 **principal**	
자원봉사자 **volunteer**	
출처, 원천 **source**	
학점 **credit**	
교과서 **textbook**	
과목 **subject**	

Words	Exercise
학년, 등급 **grade**	
메시지 **message**	
시험 **quiz** **exam**(examination)	
결과 **result** 성적 **GPA**(Grade Point Average)	
점수 **score**	
기록 **record**	
묘사 **description**	
학위 **diploma** **degree**	
걸음 **step**	
유치원 **kindergarten**	

NOUNS 06 SCHOOL, CLASS, COMMUNICATION

종이?

가위?

풀? 딱풀?

도장? 우표?

선택?

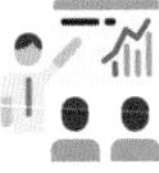
훈련?

교수?

현미경?

수학?

숫자? 5자리수의?

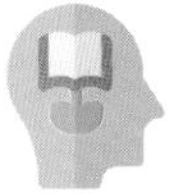
이해?

사실?

유니폼? 교복?

과학?

실험? 실험실?

사회과학?

생물?

화학?

산?

지구과학?

물리?

원자?

천문학?

망원경?

물질?

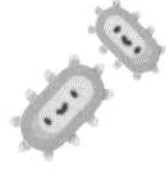
세포?

법? 법학?

통계? 통계학?

예술? 미술?

점토?

Words	Exercise
종이 **paper**	
가위 **scissors**	

✎ 이 단어에서는 마지막 '–s' 발음을 생략하지 않도록 유의합니다.
underpants, boots, shoes와 같이 두 개가 한 쌍을 이루는 물체는 항상 '–s'가 달라붙습니다.

Words	Exercise
풀 **glue** 딱풀 **glue stick**	
도장, 우표 **stamp**	
선택 **choice**	
훈련 **training**	
교수 **professor**	
현미경 **microscope**	
수학 **math** **mathematics**	

Words	Exercise
숫자 **number, digit** 5자리수의 **5-digit**	
이해 **understanding**	
사실 **fact**	
유니폼 **uniform** 교복 **school uniform**	
과학 **science**	
실험 **experiment** 실험실 **lab**(laboratory)	
사회과학 **social science**	
생물 **biology**	
화학 **chemistry**	
산 **acid**	

Words	Exercise
지구과학 **earth science**	
물리 **physics**	
원자 **atom**	
천문학 **astronomy**	
망원경 **telescope**	
물질 **matter**	
세포 **cell**	
법, 법학 **law**	
통계, 통계학 **statistics** /stəˈtɪs·tɪks/	

✎ 학생들이 많이 어려워하는 발음입니다.
/스테티!스틱스/라고 발음되니 천천히 한 글자씩 읽어보면서 속도를 점점 높여보세요.

Words	Exercise
예술, 미술 **art**	
점토 **clay**	

NOUNS 06 SCHOOL, CLASS, COMMUNICATION

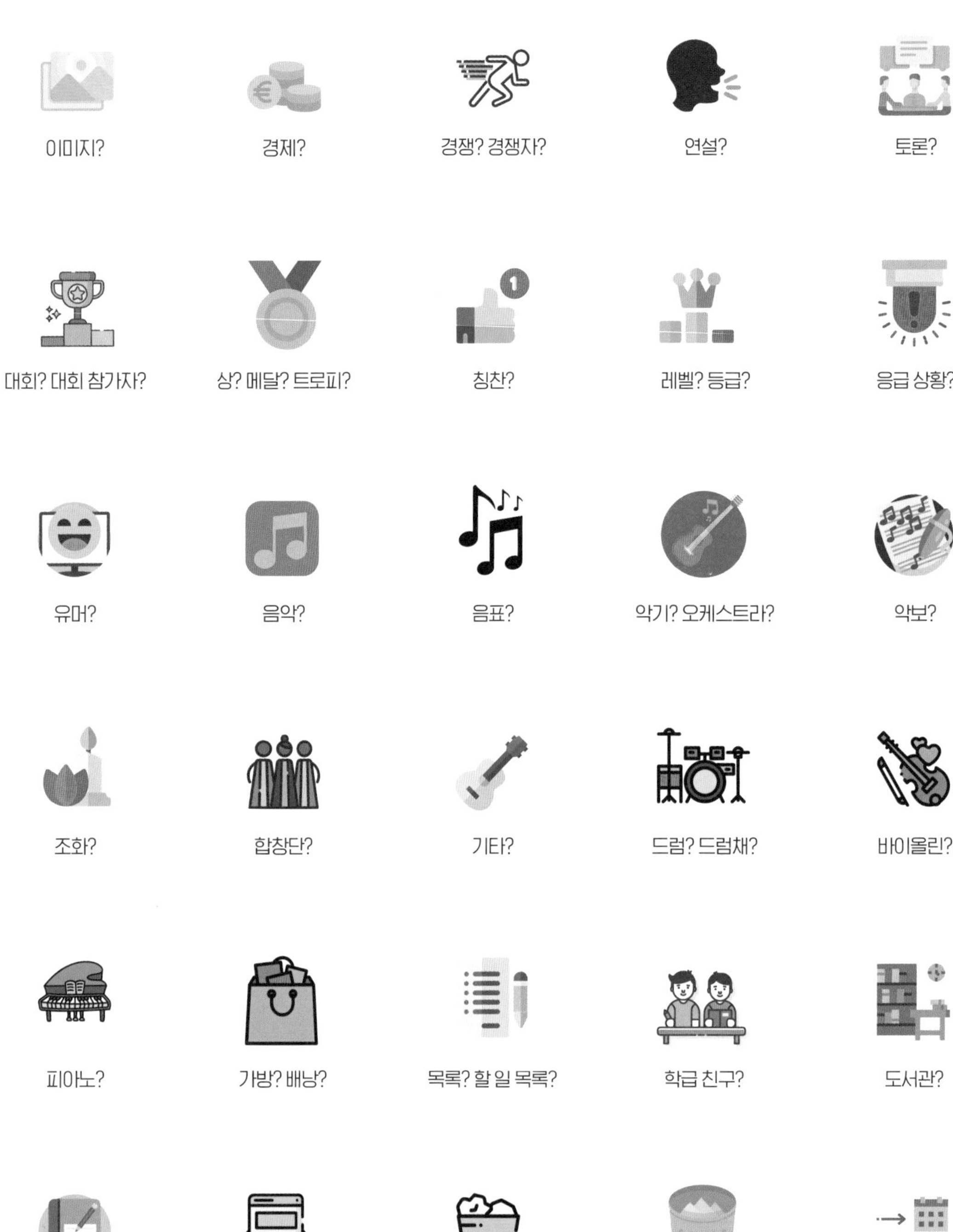

이미지?	경제?	경쟁? 경쟁자?	연설?	토론?
대회? 대회 참가자?	상? 메달? 트로피?	칭찬?	레벨? 등급?	응급 상황?
유머?	음악?	음표?	악기? 오케스트라?	악보?
조화?	합창단?	기타?	드럼? 드럼채?	바이올린?
피아노?	가방? 배낭?	목록? 할 일 목록?	학급 친구?	도서관?
일기(다이어리)?	뉴스레터?	쓰레기?	쓰레기통?	학기?

Words	Exercise
이미지 **image**	
경제 **economy**	
경쟁 **competition** 경쟁자 **competitor**	

✎ 위 두 단어는 뒷부분 철자뿐 아니라 강세도 다릅니다. competition의 발음은 /kɑːm.pəˈtɪʃ.ən/으로 강세가 '티' 발음에 있고, competitor의 발음은 /kəmˈpet̬.ə.t̬ɚ/이며 강세가 '페'에 있습니다.

Words	Exercise
연설 **speech**	
토론 **discussion, debate**	
대회 **contest** 대회 참가자 **contestant**	
상 **prize, award** 메달 **medal** 트로피 **trophy**	
칭찬 **praise**	
레벨(등급) **level, rank**	
응급 상황 **emergency**	

Words	Exercise
유머 **humor**	
음악 **music**	
음표 **musical note**	
악기 **musical instrument** 오케스트라 **orchestra**	
악보 **sheet music** **musical score**	
조화 **harmony**	
합창단 **choir** /ˈkwaɪ.ɚ/ **a glee club**	

단어 'choir'의 발음은 /초어/가 아닌 /콰이어/에 가깝습니다.

Words	Exercise
기타 **guitar**	
드럼 **drum, drum set** 드럼채 **drumstick**	
바이올린 **violin**	

Words	Exercise
피아노 **piano**	
가방 **bag** 배낭 **backpack**	
목록 **list** 할 일 목록 **to-do list**	
학급 친구 **classmate**	
도서관 **library**	
일기, 다이어리 **diary, journal**	
뉴스레터 **newsletter** /ˈnuːzˌletˌ̬ɚ/ 이 단어의 발음은 /뉴스-/가 아닌 /뉴즈-/에 가깝습니다.	
쓰레기 **garbage, trash, waste**	
쓰레기통 **trashcan** **bin** **waste can**	
학기 **term** **semester**	

Q&A

Q. 발음 연습, 꼭 해야 하나요?

A. 네, 꼭 해야 합니다. 발음 연습은 반드시 해야 하는 부분으로 만약 그냥 지나칠 경우 향후 말하기와 듣기 실력 향상에 큰 악영향을 끼치게 됩니다. 분명히 외운 단어인데도 들리지 않고, 분명히 아는 단어인데도 내가 발음했더니 외국인이 전혀 알아듣지 못하는 상황이 벌어집니다. 그런 상황이 발생한 후에야 발음 훈련을 시작한다면 어떨까요? 결국은 지쳐서 발음 연습을 포기하고, 영어도 포기하는 상황이 옵니다. **그러니 첫 단추부터 잘 끼우도록 합시다.**

발음이 이렇게 중요한데 왜 우리는 학교에서 발음 연습을 전혀 하지 않았을까요? 이 역시 역사를 보면 답이 나옵니다. 1900년대 초반 일제식의 영어 교육이 시작되면서 '영어 발음을 할 줄 모르는 일본인 교사'가 한국인의 영어 수업을 맡기 시작했습니다. 그래서 영어 수업은 '발음'이나 '대화'보다는 '읽기'에 초점이 맞춰졌습니다. 그 후 각종 시험에 영어가 필수과목으로 들어가게 되고, 그 영어 시험에서는 '읽기' 위주로 문제가 출제되었습니다. 또한 일본에서는 문서를 번역하는 작업을 시키기 위해 한국인들에게 영어 교육을 시행했습니다. 그러니 더더욱 영어 발음은 중요성을 잃었습니다. 그때의 교육이 지금까지 이어져서 학교 수업에서는 '영어로 대화하는 것'보다는 '문서를 읽어내는 것'에 초점이 맞추어져 있고, 수업 시간에 입 한번 뻥끗하지 않고 10년 동안 영어 수업 시간이 그냥 지나갔던 겁니다.

요즘은 영어유치원이나 학원 등에서 영어 회화 수업을 시행하고 있고 공교육 커리큘럼도 많이 변해서 어린아이들이 영어 발음으로 고생하는 경우는 극히 드문 일입니다. 그러나 현재 20~30대 이상 연령대의 학습자는 영어 발음 때문에 스트레스를 겪는 분들이 아주 많이 있습니다. 그러니 처음부터 제대로 공부하도록 합시다.

07

CULTURE

SPORTS

GENRE

RELIGION

NOUNS 07 CULTURE, SPORTS, GENRE, RELIGION

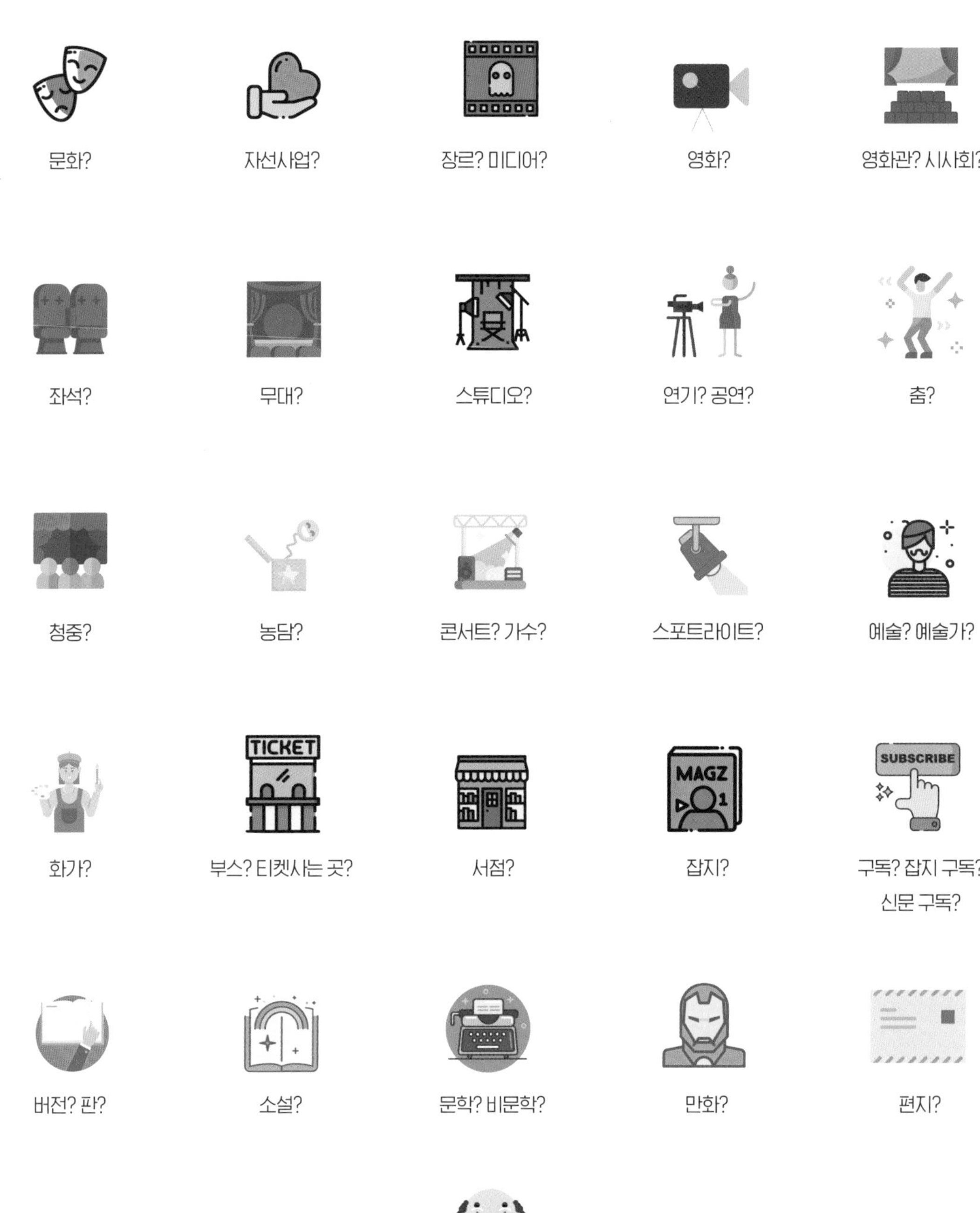

문화?	자선사업?	장르? 미디어?	영화?	영화관? 시사회?
좌석?	무대?	스튜디오?	연기? 공연?	춤?
청중?	농담?	콘서트? 가수?	스포트라이트?	예술? 예술가?
화가?	부스? 티켓사는 곳?	서점?	잡지?	구독? 잡지 구독? 신문 구독?
버전? 판?	소설?	문학? 비문학?	만화?	편지?
시? 시집?	시인?	스릴러? 호러?	희극? 비극?	전기문? 자서전?

Words	Exercise
문화 **culture**	
자선사업 **charity**	
장르 **genre** 미디어 **media**	
영화 **film, movie**	
영화관 **cinema, theater** 시사회 **theater preview**	
좌석 **seat**	
무대 **stage**	
스튜디오 **studio**	
연기 **act** 공연 **performance**	
춤 **dance**	
청중 **audience**	

Words	Exercise
농담 **joke**	
콘서트 **concert** 가수 **singer**	
스포트라이트 **spotlight**	
예술가 **artist** 예술 **art**	
화가 **painter**	
부스(티켓 사는 곳) **booth** **ticket booth** **box office**	
서점 **book shop** **bookstore**	
잡지 **magazine**	
구독 **subscription** 잡지 구독 **magazine subscription** 신문 구독 **newspaper subscription**	

Words	Exercise
버전 **version** 판 **edition**	
소설 **novel, fiction**	
문학 **literature** 비문학 **non-fiction**	
만화 **comic**(book), **cartoon**	
편지 **mail, letter**	
시 **poem** 시(집) **poetry**	
시인 **poet**	
스릴러 **thriller** 호러 **horror**	
희극(코미디) **comedy** 비극 **tragedy**	
전기문 **biography** 자서전 **autobiography**	

NOUNS 07 CULTURE, SPORTS, GENRE, RELIGION

이야기?

(옛날) 이야기?

마법사? 마녀?

마법사 모자?

시리즈?

작가?

학술지?

신경과학 잡지?

우화? 동화?

요정?

제목?

목차? 내용?

스포츠(운동)?

서핑?

보트 타기?

마라톤?

스케이트 타기?
스케이트 신발?

아이스 스케이트?

인라인 스케이트?

배구?

챔피언? 승자?

테니스? 테니스 채?

배드민턴?
배드민턴 공?

승리? 패배?

경기장?

운동?

오락?

공? 테니스 공?

치어리더?

체조? 체조선수?

Words	Exercise
이야기 **story**	
(옛날) 이야기 **tale**	
마법사 **wizard** 마녀 **witch**	
마법사 모자 **witch hat** **wizard hat**	
시리즈 **series**	
작가 **writer** **author**	
학술지 **journal**	
신경과학 잡지 **journals of neuroscience**	
우화 **fable** 동화 **fairy tale**	
요정 **fairy**	

Words	Exercise
제목 **title**	
목차, 내용 **content**	
스포츠(운동) **sports**	
서핑 **surfing**	
보트 타기 **sailing**	
마라톤 **marathon**	
스케이트 타기 **skating** 스케이트 신발 **skate**	
아이스 스케이트 **ice skating**	
인라인 스케이트 **inline skating** **roller skating**	
배구 **volleyball**	
챔피언(승자) **champion** **winner**	

Words	Exercise
테니스 **tennis** 테니스 채 **tennis racket** /ˈræk.ɪt/	

✎ 'racket'의 발음은 /라켓/보다는 /뢔킷t/에 가깝습니다.

Words	Exercise
배드민턴 **badminton** 배드민턴 공 **shuttlecock**	
승리 **victory** 패배 **defeat**	
경기장 **stadium**	
운동 **exercise** **workout**	
오락 **recreation**	
공 **ball** 테니스 공 **tennis ball**	
치어리더 **cheerleader**	
체조 **gymnastics** 체조선수 **gymnast**	

NOUNS 07 CULTURE, SPORTS, GENRE, RELIGION

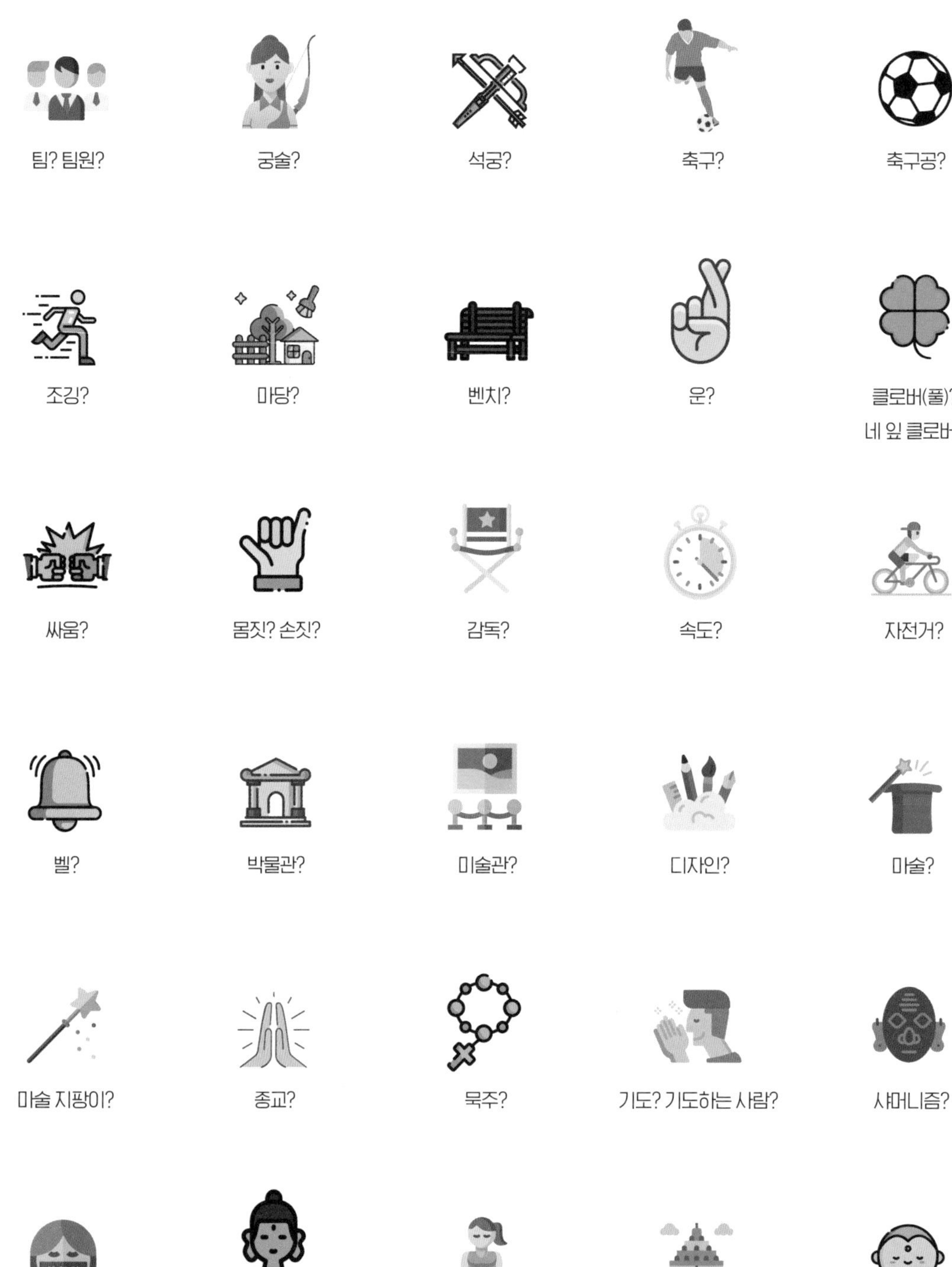

팀? 팀원? 궁술? 석궁? 축구? 축구공?

조깅? 마당? 벤치? 운? 클로버(풀)? 네 잎 클로버?

싸움? 몸짓? 손짓? 감독? 속도? 자전거?

벨? 박물관? 미술관? 디자인? 마술?

마술 지팡이? 종교? 묵주? 기도? 기도하는 사람? 샤머니즘?

금기? 불교? 명상? 절? 스님?

Words	Exercise
팀 **team** 팀원 **teammate** **team member**	
궁술 **archery**	
석궁 **crossbow**	
축구 **football, soccer**	
축구공 **soccer ball**	
조깅 **jogging** /ˈdʒɑː.ɡɪŋ/	

이 단어의 발음은 /조깅/보다는 /조ㅑ깅/에 가깝습니다.

Words	Exercise
마당 **yard**	
벤치 **bench**	
운 **luck**	

'운'을 뜻하는 단어 'luck'에는 손가락 그림이 그려져 있습니다.
영어권에서는 손가락을 꼬아서 '행운을 빌어fingers crossed'라는 의미를 전달합니다.

Words	Exercise
클로버(풀) **clover** 네 잎 클로버 **four-leaf clover**	
싸움 **fight**	
몸짓, 손짓 **gesture**	
감독 **director**	
속도 **speed** **pace**	
자전거 **bicycle** **bike**	
벨 **bell**	
박물관 **museum**	
미술관 **art gallery**	
디자인 **design**	

Words	Exercise
마술 **magic** **illusion**	
마술 지팡이 **magic wand**	
종교 **religion**	
묵주 **rosary**	
기도 **prayer** 기도하는 사람 **prayer**	
샤머니즘 **shamanism**	
금기 **taboo**	
불교 **buddhism**	
명상 **meditation**	
절 **temple**	
스님 **monk**	

NOUNS 07 CULTURE, SPORTS, GENRE, RELIGION

기독교? 기독교인?

십자가?

선교사?

희생? 제물?

목사?

신부(성당)?

교황?

교회? 성당?

자비?

기적?

헌신?

영혼? 귀신?

천국?

악마?

천사?

(예술가의) 기술? 기법?

장면?

슬레이트?

Words	Exercise
기독교 Christianity 기독교인 Christian	
십자가 cross	
선교사 missionary	
희생, 제물 sacrifice	
목사 reverend	
신부(성당) priest	
교황 pope	
교회, 성당 church	

Words	Exercise
자비 **mercy**	
기적 **miracle**	
헌신 **devotion** **dedication**	
영혼, 귀신 **ghost** **spirit**	
천국 **heaven**	
악마 **devil** **demon**	
천사 **angel**	
기술, 기법 **technique**	
장면 **scene**	
슬레이트 **clapperboard**	

NOTES

Q&A

Q. 이 영문법, 수능을 준비하는 학생이 봐도 되나요?

A. 영문법 내용이나 용어를 외워서 수능을 봐야 하거나 중고등 영어 내신 시험을 봐야 하는 학생들은 이 책으로만 공부하기엔 무리가 있습니다. 이 문법서는 기존에 학습자가 가진 영어에 대한 거부감을 없애는 정도로 이용하는 게 좋습니다.

이 책은 외국에서 공부할 예정인 학생들, 그리고 영어를 읽고, 듣고, 말하고 쓰고 싶은 성인 학습자 중 영어 알파벳만 아는 정도로 '영어 왕초보'인 학습자를 위하여 작성했습니다. 이 책에는 '이 문장은 몇 형식이니까', '이 단어는 자동사/타동사니까', '이건 주격 보어다.' 등의 용어는 전혀 등장하지 않습니다. 반면 내신이나 수능에는 그런 용어가 등장할 수 있지요.

Q. 발음 연습, 어떻게 하면 될까요?

A. 발음을 공부할 때 가장 중요한 것은 **'발음을 통째로 외운다'**라는 생각을 하는 겁니다. 영어 단어는 대부분 철자와 전혀 상관없이 발음합니다. 그러니 절대, 절대 철자만 보고 읽어서는 안 됩니다. 단어를 공부할 때 강세와 발음을 통째로 암기하세요. 발음을 암기할 때는 큰 소리로 따라 읽으며 연습해야 합니다.

'excite'라는 단어는 철자 그대로 읽어보면 /엑시테/ 라고 읽힙니다. 그러나 이 단어의 실제 발음은 /익싸!이트/입니다. 사전에 발음 기호를 찾아보면 /ɪkˈsaɪt/라고 나옵니다. 's' 앞에 강세 표시 'ˈ'가 있지요. 그래서 /익!싸이트/도 아니고 /익싸이!트/도 아니고 /익싸이트!/도 아닙니다. /익싸!이트/입니다. **직접 사전에서 발음을 들어보세요**! 그리고 이 단어의 발음을 학습할 때는 '익싸!이트', '익싸!이트', '익싸!이트', '익싸!이트', '익싸!이트', '익싸!이트'… 이렇게 큰 소리로 여러 번, 계속 읽어보셔야 합니다. 적어도 10번 정도는 읽어야 입에 좀 익을 겁니다.

08

NATURE
ANIMAL
GARDEN
WEATHER

NOUNS 08 NATURE, ANIMAL, GARDEN, WEATHER

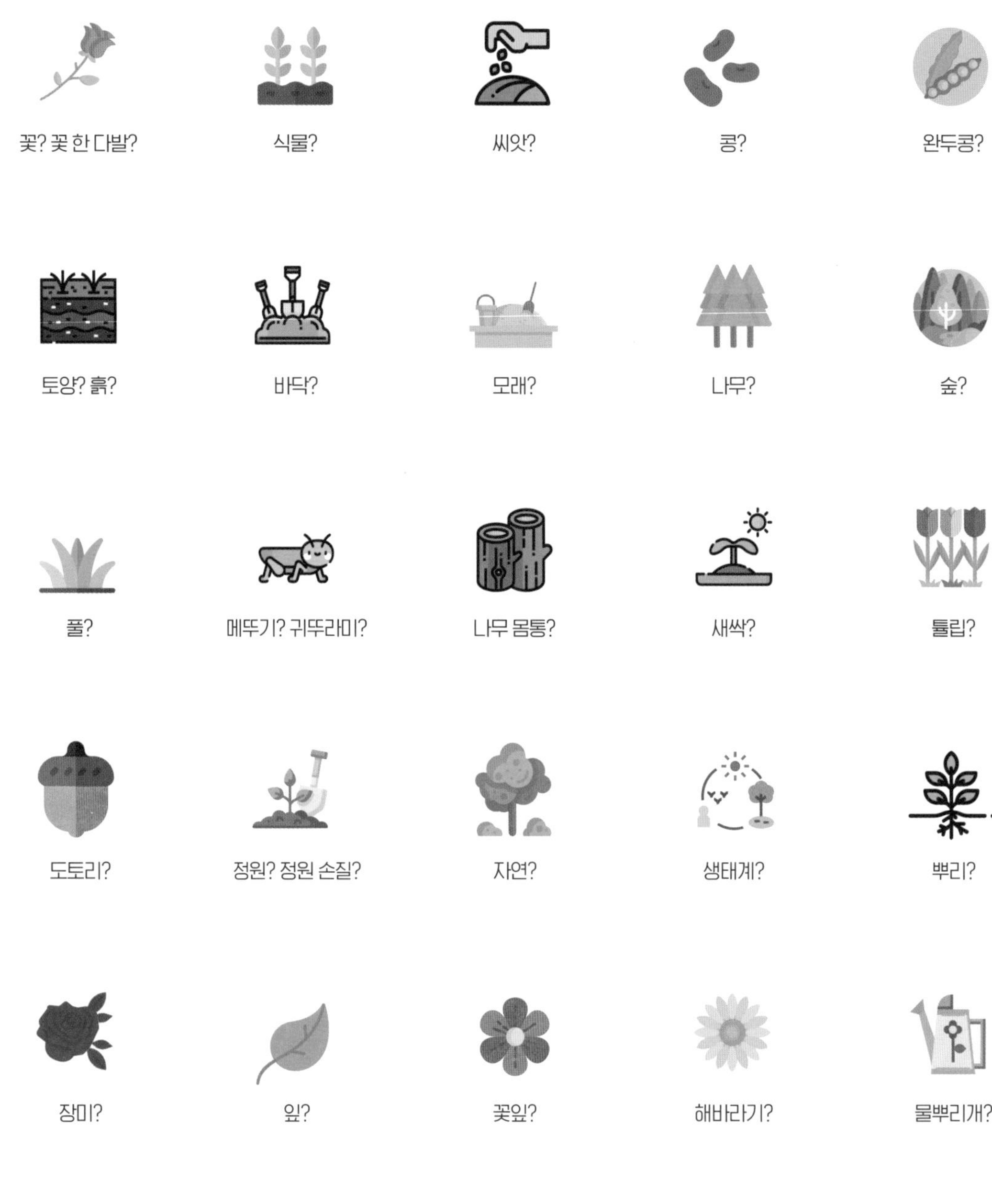

꽃? 꽃 한 다발?	식물?	씨앗?	콩?	완두콩?
토양? 흙?	바닥?	모래?	나무?	숲?
풀?	메뚜기? 귀뚜라미?	나무 몸통?	새싹?	튤립?
도토리?	정원? 정원 손질?	자연?	생태계?	뿌리?
장미?	잎?	꽃잎?	해바라기?	물뿌리개?
삽?	원예용구?	선인장?	대나무?	소나무?

Words	Exercise
꽃 **flower** 꽃 한다발 **a bunch of flowers** **a bouquet of flowers**	
식물 **plant**	
씨앗 **seed**	
콩 **bean**	
완두콩 **pea**	
토양, 흙 **soil**	
바닥 **ground**	
모래 **sand**	
나무 **tree**	

Words	Exercise
숲 **forest**	
풀 **grass**	
메뚜기 **grasshopper** 귀뚜라미 **cricket**	
나무 몸통 **trunk**	
새싹 **bud**	
튤립 **tulip**	
도토리 **acorn**	
정원 **garden** 정원 손질 **gardening**	
자연 **nature**	
생태계 **ecosystem**	

Words	Exercise
뿌리 **root**	
장미 **rose**	
잎 **leaf**	
꽃잎 **petal**	
해바라기 **sunflower**	
물뿌리개 **watering can**	
삽 **shovel**	
원예용구 **gardening tool**	
선인장 **cactus**	
대나무 **bamboo**	

✎ 이 단어의 발음은 /밤부/보다는 /뱀부–/에 가깝습니다.

Words	Exercise
소나무 **pine tree**	

NOUNS 08 NATURE, ANIMAL, GARDEN, WEATHER

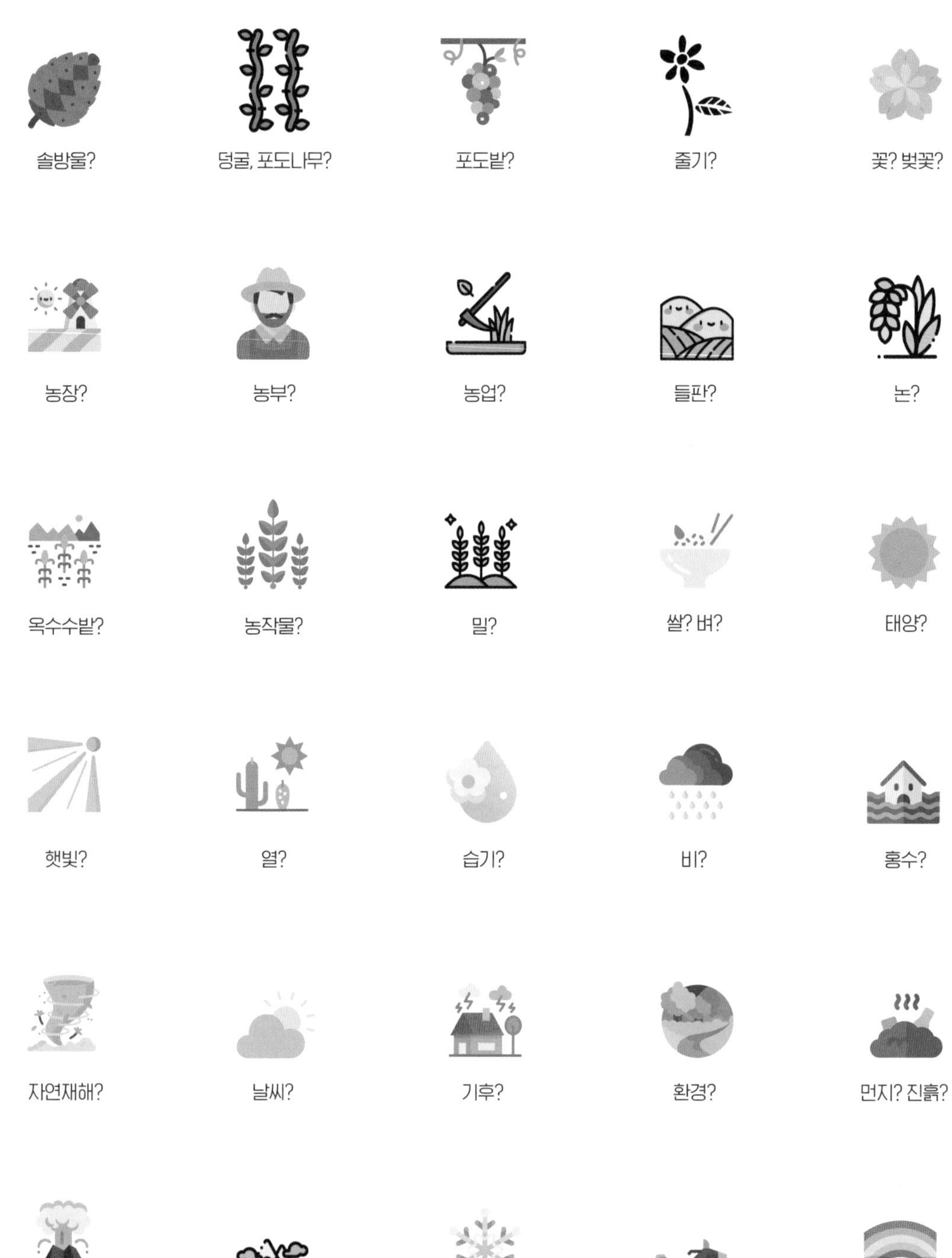

솔방울? 덩굴, 포도나무? 포도밭? 줄기? 꽃? 벚꽃?
농장? 농부? 농업? 들판? 논?
옥수수밭? 농작물? 밀? 쌀? 벼? 태양?
햇빛? 열? 습기? 비? 홍수?
자연재해? 날씨? 기후? 환경? 먼지? 진흙?
화산? 산? 눈? 눈송이? 제설차? 무지개?

Words		Exercise
	솔방울 **pine cone**	
	덩굴, 포도나무 **vine**	
	포도밭 **vineyard**	

이 단어의 발음은 /바인야드/가 아닙니다. 유의하세요.

	줄기 **stem**	
	꽃 **blossom** 벚꽃 **cherry blossom**	
	농장 **farm**	
	농부 **farmer**	
	농업 **agriculture**	
	들판 **field**	
	논 **rice paddy**	

Words	Exercise
옥수수밭 **corn field**	
농작물 **crop**	
밀 **wheat**	
쌀, 벼 **rice**	
태양 **sun**	
햇빛 **sunshine**	
열 **heat**	
습기 **moisture**	
비 **rain**	
홍수 **flood**	

Words	Exercise
자연재해 **natural disaster**	
날씨 **weather**	
기후 **climate**	
환경 **environment**	
먼지 **dirt** 진흙 **mud**	
화산 **volcano**	
산 **mountain**	
눈 **snow** 눈송이 **snowflake**	
제설차 **snowplow** **snowcat**	
무지개 **rainbow**	

NOUNS 08 NATURE, ANIMAL, GARDEN, WEATHER

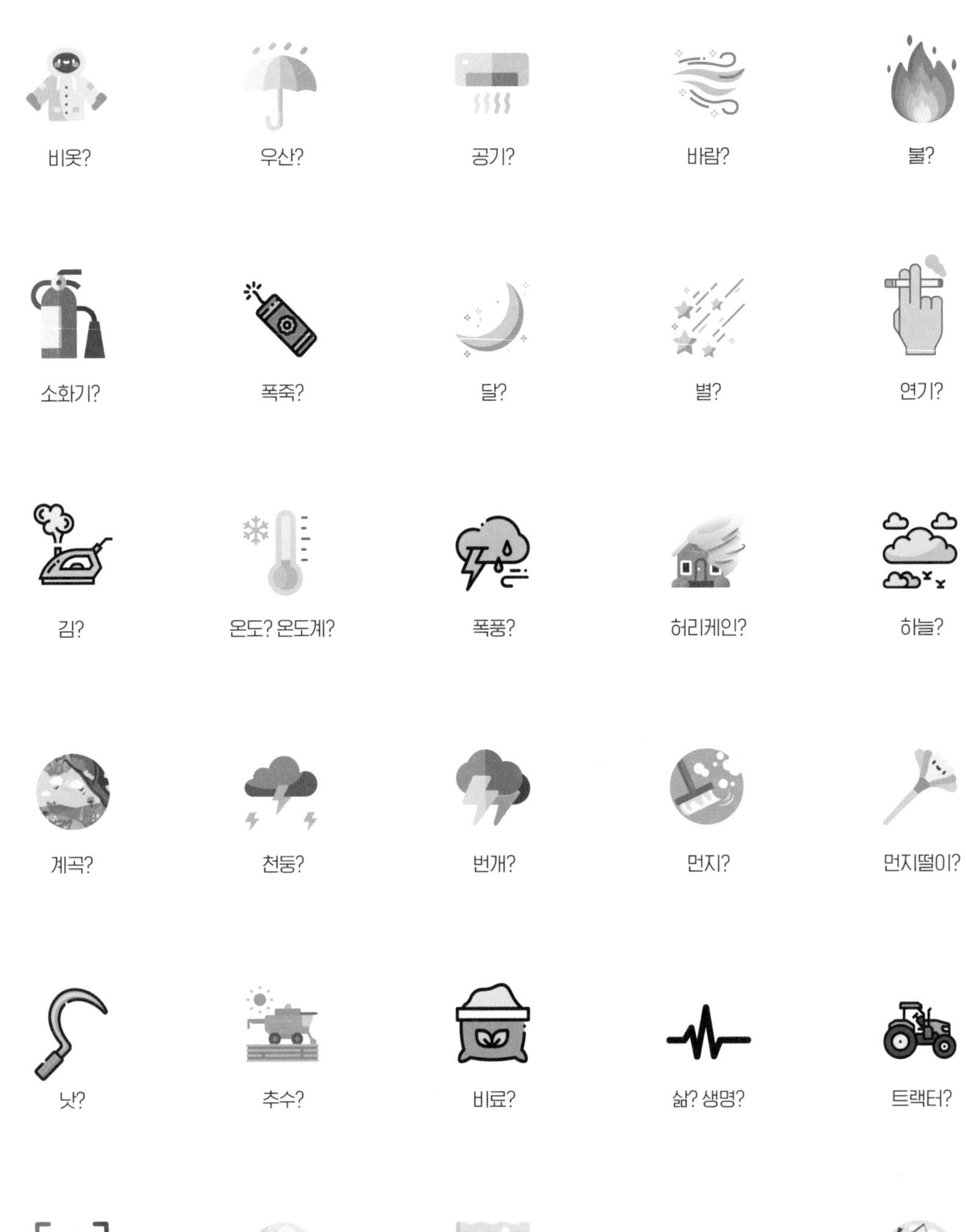

비옷?	우산?	공기?	바람?	불?
소화기?	폭죽?	달?	별?	연기?
김?	온도? 온도계?	폭풍?	허리케인?	하늘?
계곡?	천둥?	번개?	먼지?	먼지떨이?
낫?	추수?	비료?	삶? 생명?	트랙터?
움직임?	해변?	바다?	파도?	해안? 해안지역?

Words	Exercise
비옷 **raincoat**	
우산 **umbrella**	
공기 **air**	
바람 **wind**	
불 **fire**	
소화기 **fire extinguisher**	

✎ 'extinguish'는 '(불을) 끄다'라는 뜻을 가진 단어입니다.
이 단어에 '-er'이 붙은 'extinguisher'는 '불을 끄는 것(소화기)'이라는 뜻이 됩니다.

Words	Exercise
폭죽 **firecracker**	
달 **moon**	
별 **star**	

Words	Exercise
연기 **smoke**	
김 **steam**	
온도 **temperature** 온도계 **thermometer**	
폭풍 **storm**	
허리케인 **hurricane**	
하늘 **sky**	
계곡 **valley**	
천둥 **thunder**	
번개 **lightning**	
먼지 **dust**	
먼지떨이 **feather duster**	

Words		Exercise
	낫 **sickle**	
	추수 **harvest**	
	비료 **fertilizer**	

✎ 'fertilize'는 '비옥하게 하다'라는 뜻을 가진 단어입니다.
이 단어에 '-(e)r'이 붙은 'fertilizer'는 '비옥하게 하는 것(비료)'이라는 뜻이 됩니다.

	삶, 생명 **life**	
	트렉터 **tractor**	
	움직임 **motion**	
	해변 **beach**	
	바다 **ocean**	
	파도 **wave** **surf**	
	해안(해안지역) **shore** **coast**	

NOUNS 08 NATURE, ANIMAL, GARDEN, WEATHER

폭포? 강? 연못? 빙산? 갈라진 틈?

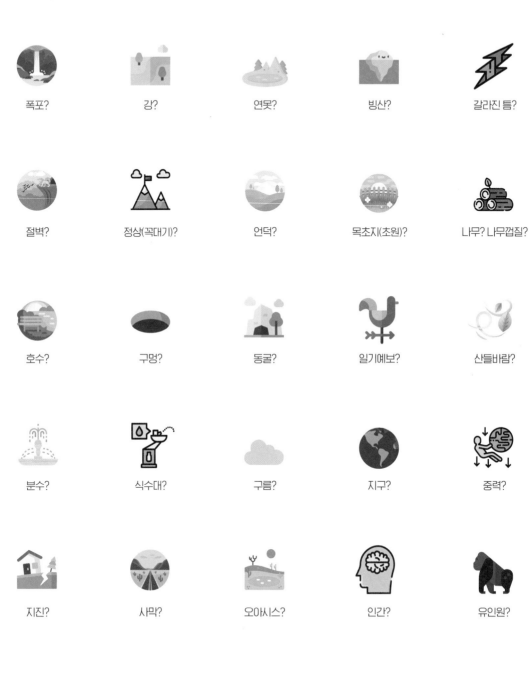

절벽? 정상(꼭대기)? 언덕? 목초지(초원)? 나무? 나무껍질?

호수? 구멍? 동굴? 일기예보? 산들바람?

분수? 식수대? 구름? 지구? 중력?

지진? 사막? 오아시스? 인간? 유인원?

서식지?

행성?

외계인?

종(인종, 견종)?

괴물?

Words	Exercise
폭포 **waterfall**	
강 **river**	
연못 **pond**	
빙산 **iceberg**	
갈라진 틈 **crack**	
절벽 **cliff**	
정상(꼭대기) **peak**	
언덕 **hill**	
목초지(초원) **meadow** /ˈmed.oʊ/	

이 단어는 /미도우/라고 발음하지 않습니다. 발음에 유의하세요.

나무 **wood** 나무껍질 **bark**	

Words	Exercise
호수 **lake**	
구멍 **hole**	
동굴 **cave**	
일기예보 **weather forecast**	
산들바람 **breeze**	
분수 **fountain**	
식수대 **water fountain**	
구름 **cloud**	
지구 **earth**	
중력 **gravity**	

Words		Exercise
지진 earthquake		
사막 desert		
오아시스 oasis		

이 단어는 /오아시스/라고 발음하지 않습니다. 발음에 유의하세요.

Words		Exercise
인간 human		
유인원 ape		
서식지 habitat		
행성 planet		
외계인 alien		
종(인종, 견종) species		
괴물 monster		

NOUNS 08 NATURE, ANIMAL, GARDEN, WEATHER

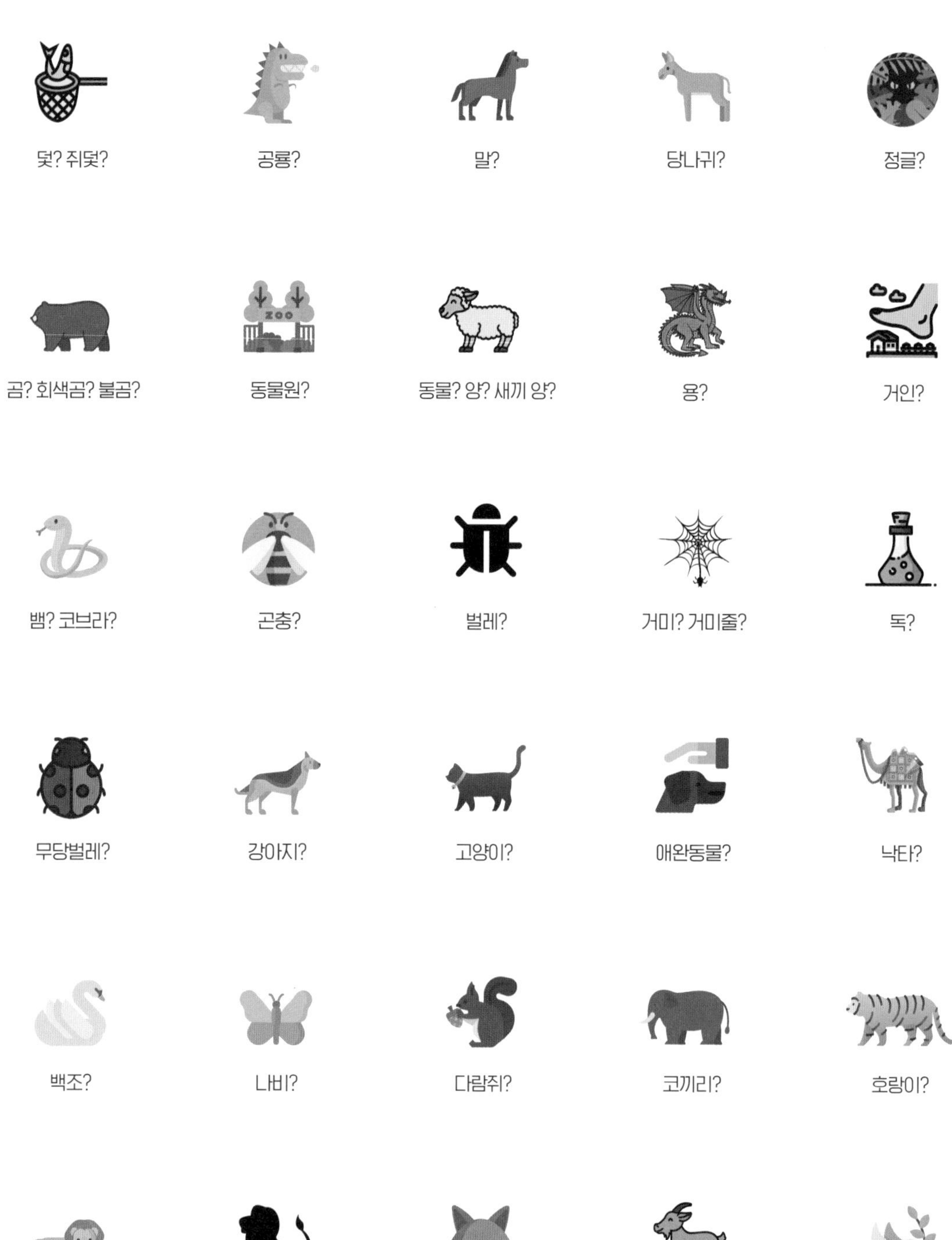

덫? 쥐덫?
공룡?
말?
당나귀?
정글?
곰? 회색곰? 불곰?
ZOO
동물원?
동물? 양? 새끼 양?
용?
거인?
뱀? 코브라?
곤충?
벌레?
거미? 거미줄?
독?
무당벌레?
강아지?
고양이?
애완동물?
낙타?
백조?
나비?
다람쥐?
코끼리?
호랑이?
사자?
꼬리?
여우?
염소?
새?

Words	Exercise
덫 **trap** 쥐덫 **mousetrap**	
공룡 **dinosaur**	
말 **horse**	
당나귀 **donkey**	
정글 **jungle**	
곰 **bear** 회색곰 **grizzly bear** 불곰 **brown bear**	
동물원 **zoo**	

✎ 'z' 발음을 'j' 발음으로 하지 않도록 유의하세요. 'z' 발음은 텔레비전이 지직거리는 소리와 유사합니다.

Words	Exercise
동물 **animal** 양 **sheep** 새끼 양 **lamb**	
용 **dragon**	

Words	Exercise
거인 **giant**	
뱀 **snake** 코브라 **cobra**	
곤충 **insect**	
벌레 **bug**	
거미 **spider** 거미줄 **spider web**	
독 **poison**	
무당벌레 **ladybug**	
강아지 **dog** **puppy**	
고양이 **cat** **kitty** **kitten**	

Words	Exercise
애완동물 **pet**	
낙타 **camel**	
백조 **swan**	
나비 **butterfly**	
다람쥐 **squirrel**	
코끼리 **elephant**	
호랑이 **tiger**	
사자 **lion**	
꼬리 **tail**	
여우 **fox**	
염소 **goat**	
새 **bird**	

NOUNS 08 NATURE, ANIMAL, GARDEN, WEATHER

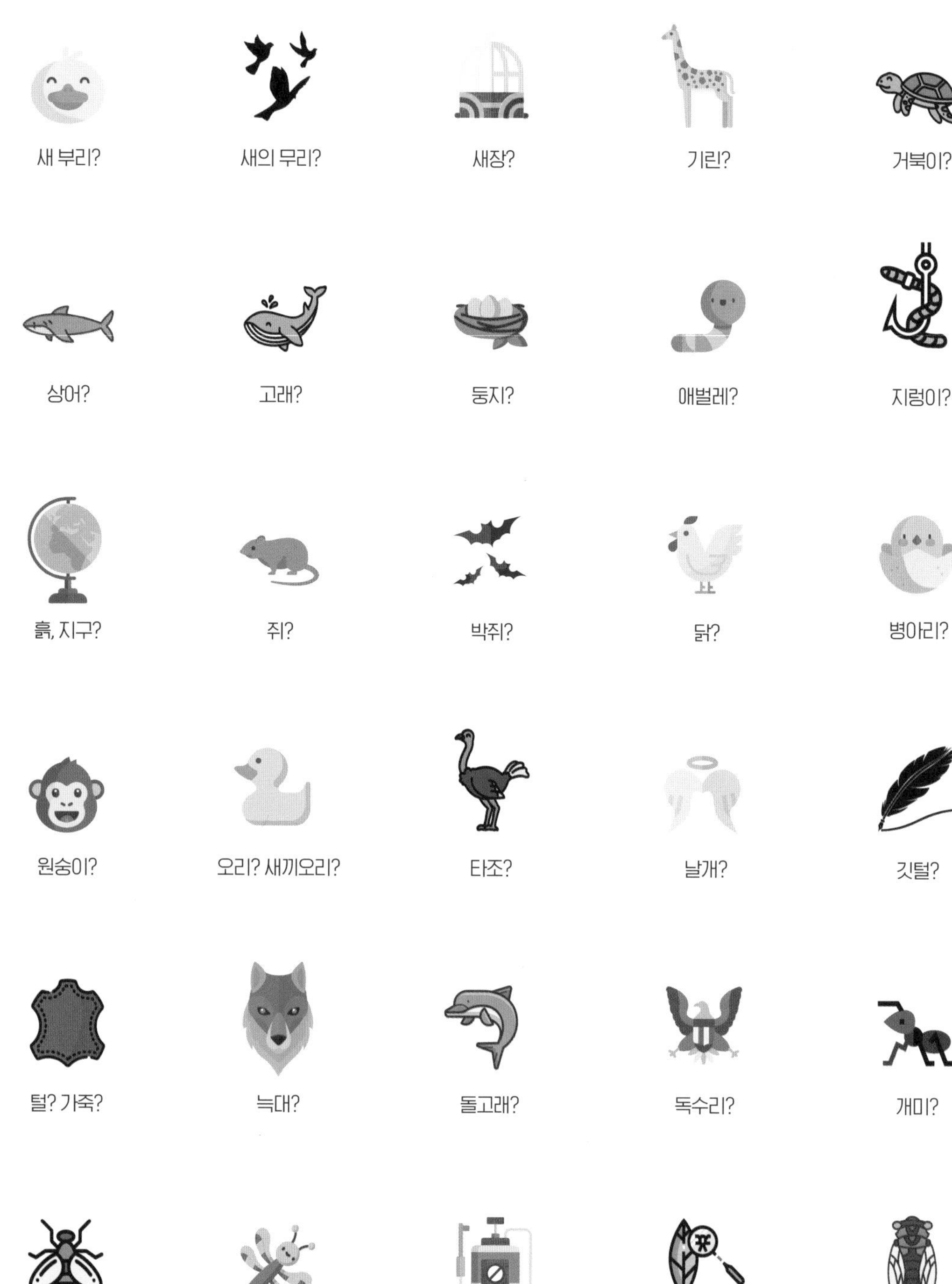

새 부리?
새의 무리?
새장?
기린?
거북이?
상어?
고래?
둥지?
애벌레?
지렁이?
흙, 지구?
쥐?
박쥐?
닭?
병아리?
원숭이?
오리? 새끼오리?
타조?
날개?
깃털?
털? 가죽?
늑대?
돌고래?
독수리?
개미?
파리? 초파리?
잠자리?
농약? 살충제?
해충?
매미?

Words	Exercise
새 부리 **beak**	
새의 무리 **a flock of birds**	
새장 **cage**	
기린 **giraffe**	
거북이 **turtle** **tortoise**	
상어 **shark**	
고래 **whale**	
둥지 **nest**	
애벌레 **worm**	
지렁이 **earthworm**	

Words	Exercise
흙, 지구 **earth**	
쥐 **mouse** **rat**	
박쥐 **bat**	
닭 **chicken**	
병아리 **chick**	
원숭이 **monkey**	
오리 **duck** 새끼오리 **duckling**	
타조 **ostrich**	
날개 **wing**	
깃털 **feather**	

Words	Exercise
털 **fur** 가죽 **leather**	
늑대 **wolf**	
돌고래 **dolphin**	
독수리 **eagle**	
개미 **ant**	
파리 **fly** 초파리 **fruit fly**	
잠자리 **dragonfly**	
농약 **pesticide** 살충제 **insecticide**	

✎ 영어로 '-cide'는 '죽임', '살해(자)' 또는 '무엇(곤충 등)을 죽이는 데 쓰는 물건' 등을 의미합니다.

Words	Exercise
해충 **pest**	
매미 **cicada**	

Q&A

Q. 이제 드디어 명사 편이 끝났어요. 지금까지 배운 단어가 기억 안 나면 어떻게 하죠? 잊어버릴까 무서워요.

A. 충분히 일리 있는 걱정입니다. 이 책은 명사 편이 가장 많은 부분을 차지합니다. 아마 앞부분에서 외운 단어 대부분은 기억 저편으로 사라졌을 겁니다. 하지만 다시 반복해서 보면 금방 기억이 되살아날 겁니다. 특히나 각 챕터를 공부할 때 매 순간 최선을 다했다면 실제로 전혀 기억나지 않는 단어는 아주 소수에 불과합니다. 그러니 결론을 말씀드리면, **두려워하지 말고 진격하세요. 잊으면 돌아가면 됩니다.** 지나온 내용에 미련을 갖고 계속 뒤를 돌아보면 안 됩니다. 대신 하루하루의 공부에 충실하고 제대로 공부하고 넘어갈수록 다음에 복습이 쉬워진다는 걸 기억하세요.

Q. 퀴즈렛, 어떻게 사용하는 건가요?

A. 퀴즈렛은 단어 암기에 사용하는 플래시 카드 애플리케이션입니다. 이 책의 모든 내용은 퀴즈렛에 등록되어 있어서 별도로 단어장을 만들 필요 없이 바로 이용할 수 있습니다. 자세한 사용법은 아래 QR코드를 참고해주세요.

퀴즈렛 사용법 QR코드
(http://english.eugenepi.com/220831774441)

ARTICLES

관사

산모퉁이를 돌아 논가 외딴 우물을 홀로
찾아가선 가만히 들여다봅니다.
우물 속에는 달이 밝고 구름이 흐르고
하늘이 펼치고 파아란 바람이 불고 가을이 있습니다.
그리고 한 사나이가 있습니다.
어쩐지 그 사나이가 미워져 돌아갑니다.
돌아가다 생각하니 그 사나이가 가엾어집니다.
도로 가 들여다보니 사나이는 그대로 있습니다.
다시 그 사나이가 미워져 돌아갑니다.
돌아가다 생각하니 그 사나이가 그리워집니다.
우물 속에는 달이 밝고 구름이 흐르고 하늘이 펼치고
파아란 바람이 불고 가을이 있고 추억처럼 사나이가 있습니다.

—윤동주, 〈자화상〉

관사, 들어가기에 앞서

이제 드디어 관사 편으로 넘어왔습니다. 관사 연습을 하기에 앞서 일단 관사가 무엇인지부터 이야기해봅시다.

한국어로는 '강아지'를 말할 때 주로 '**한 마리의** 강아지'라고 하거나 '강아지**들**'이라고 말하지 않습니다. "저기 강아지**들** 세 마리가 있다."라고 말하기보다는 "저기 강아지 세 마리가 있다."라고 말합니다. 그리고 "나 강아지 **세 마리들** 키워" 혹은 "나 강아지**들** 세 마리 키워"라고 말하기보다는 "나 강아지 세 마리 키워"라고 말하는 게 더 자연스럽습니다.
반면에 영어로는 '강아지 세 마리'라고 말할 때 'three dog'가 아닌 'three dog**s**'라고 합니다.
✎ 'dogs'란 'dog(강아지)'가 여러 마리일 때의 형태입니다.

또한 개 한 마리를 말할 때 그냥 'dog'가 아니라 'a dog'라고 해야 하고, 2마리 이상일 경우에는 항상 뒤에 -s를 붙여 'dogs'라고 합니다.
그렇다면 사과 한 개와 사과 2개, 또 사과 3개는 어떻게 말할까요?
an apple, two apples, three apples라고 말합니다.
그렇다면 지우개 한 개와 지우개 4개와 지우개 5개는 어떻게 말할까요?
an eraser, four erasers, five erasers라고 합니다.

이런 특이한 현상이 문장에서는 어떻게 보이는지 잠시 살펴봅시다.
'~에 무엇이 있다.' 는 표현을 할 때는 영어로 'There is' 또는 'There are'라고 합니다.
✎ There is + 한 개
✎ There are + 여러 개

There is a dog. 개가 한 마리 있다.
There is a cat. 고양이가 한 마리 있다.
There are dogs. 개가 여러 마리 있다.
There are cats. 고양이가 여러 마리 있다.

사물이 한 개일 경우 is, 여러 개일 경우 are를 씁니다. 예를 들어 '저기에 개(한 마리)가 있다'를 말할 때는 'There is a dog.'라고 하면 됩니다. 만약 여러 마리라면 'There are dogs'라고 말합니다. **여기서 'a dog' 앞에 붙는 'a'를 관사라고 합니다.** 위에서 본 'an apple'과 'an eraser'에서 'an'도 관사입니다. 'a'와 'an' 이외에도 'the'라는 관사가 하나 더 있습니다. **'the'는 '그'라는 뜻입니다.**
관사 편 표지에 실린 시 한 편을 함께 보겠습니다.

… 우물 속에는 달이 밝고 구름이 흐르고
하늘이 펼치고 파아란 바람이 불고 가을이 있습니다.
그리고 한 사나이가 있습니다.
어쩐지 그 사나이가 미워져 돌아갑니다.
돌아가다 생각하니 그 사나이가 가엾어집니다.
…(중략)
-윤동주, <자화상> 중에서

시에서 반복적으로 등장하는 '그 사나이'라는 표현에서 '그'가 바로 'the'입니다.
영어로 바꿔보자면 'the man'이라고 할 수 있겠네요.
정리해보면 **관사는 'a', 'an', 'the' 로 총 3개**입니다.

관사는 왜 중요한가

I like dogs.(I like a dog.)

I like dog.

I like dogs.(I like a dog.)라는 문장과 I like dog.라는 문장은 어떤 차이가 있을까요?
답을 보기 전에 한번 생각해보세요. 어떤 차이가 있을까요?

일단 구조상으로 보면 앞에 문장에는 'a'가 붙거나 '-s'가 붙어서 '개'라는 개체의 수를 나타내주고 있네요. 그렇다면 의미상으로는 어떤 차이가 있을까요? 처음에 나온 문장은 '나는 강아지를 좋아해'라는 뜻입니다. 강아지를 보는 걸 좋아하거나 키우기를 좋아하거나 혹은 강아지를 전반적으로 좋아한다는 뜻이지요.

그렇다면 두 번째 문장은 어떤 뜻일까요? 두 번째 문장은… 충격적이게도 '나는 보신탕을 좋아해'라는 의미입니다. 만약 관사 없이 적는다면 애완동물인 '강아지'가 아니라 '개고기'를 좋아한다는 뜻이 됩니다. 졸지에 개고기를 먹는 사람으로 오해받지 않으려면 관사를 꼭 붙이는 습관을 들입시다.

관사 연습에 앞서

관사를 배우기 전에 명사에 대한 이야기를 한 번 더 해보려고 합니다. 영문법 수업을 들어본 적이 있다면 '셀 수 있는 명사'와 '셀 수 없는 명사'에 대해서 들어보셨을 겁니다. 문법학자들은 명사를 여러 가지 기준으로 나누었는데 기초 단계에서는 이 개념 하나만 알고 넘어가면 됩니다. **명사를 크게 두 부류로 나누면 셀 수 있는 명사와 셀 수 없는 명사로 나누어집니다.**

* **셀 수 있는 명사** : 한 개, 두 개라고 셀 수 있는 것들을 말합니다. 예를 들어 사과, 귤, 지우개, 연필, 책상 등이 셀 수 있는 명사에 속합니다. 사과 한 개, 귤 한 개, 지우개 한 개, 연필 한 개(자루), 책상 하나라고 셀 수 있으니까요. 영어로는 an apple, an orange, an eraser, a pencil, a desk라고 말할 수 있습니다.

사과 두 개, 귤 두 개, 지우개 두 개, 연필 두 개(자루), 책상 두 개는 어떻게 말할 수 있을까요? two apples, two oranges, two erasers, two pencils, two desks라고 영어로 말할 수 있습니다.

그렇다면 그 사과, 그 귤, 그 지우개, 그 연필, 그 책상은 어떻게 말할 수 있을까요?
'그'를 뜻하는 'the'를 쓰면 됩니다! the apple, the orange, the eraser, the pencil, the desk라고 할 수 있겠죠. 물론 '그 사과들'이라고 여러 개도 나타낼 수 있으므로 the apples, the oranges, the erasers, the pencils, the desks라는 표현도 가능합니다.

* **셀 수 없는 명사** : 한 개, 두 개라고 세지 않는 것들을 말합니다. 물, 비, 쌀, 눈, 소금, 설탕, 우유 등이 셀 수 없는 명사에 속합니다. 물 하나, 비 하나, 쌀 하나, 눈 하나, 소금 하나, 설탕 하나, 우유 하나…라고 하면 이상하죠? 이런 애들이 셀 수 없는 명사입니다. 셀 수 없으므로 그냥 water, rain, rice, snow, salt, sugar, milk라고 말하고 **앞에 'a'를 붙이거나 뒤에 's'를 붙이지 않습니다.**
대신 '그 물' 혹은 '그 쌀'이라고는 할 수 있으니 the water, the rain, the rice, the snow, the salt, the sugar, the milk라고 할 수는 있습니다.

앞서 배운 'a'와 'an'은 물체를 '한 개'라고 세는 것이므로 당연히 셀 수 있는 명사에만 붙입니다. 이것은 명백히 법칙이지만 **법칙에만 몰두하기보다는 실제로 어떤 단어에 'a,' 'an'을 붙이는지 연습해보며 익숙해지도록 하세요.** 한국어에는 '관사'라는 개념이 없어서 초보 학습자는 관사를 자주 빼고 말하거나 글을 쓰는 경향이 있습니다. 하지만 괜찮습니다. 관사 연습을 열심히 해보고, 또 앞으로 읽게 될 책과 콘텐츠를 통해 관사를 천천히 익혀보면 됩니다. 자, 이제 명사 파트에서 배운 단어를 가져와 관사를 붙이는 연습해봅시다.

관사 편 사용법

이 책을 성공적으로 끝내려면 학습자의 적극적인 참여가 필요합니다. 관사 편은 기본적으로 그림과 영어 단어, 한국어 뜻, 영어로 된 문장과 뜻이 포함되어 있습니다.

처음 칸에 적힌 한국어 뜻을 보고 영어 단어나 표현을 적어봅니다. 우리가 관사 편에서 볼 단어는 대부분 이미 명사 편에서 학습한 단어이므로 비교적 편하게 학습을 이어나갈 수 있습니다.

두 번째 칸에 나온 문장은 크게 읽어보며 통째로 암기해봅시다. 발음을 모르는 경우 바른독학영어 퀴즈렛 클래스에 참여하여 문장과 단어 발음을 참고하세요. 비교적 짧은 문장이므로 몇 번만 읽으면 금방 입에 익을 겁니다. 읽는 동안 'a'나 '-s' 발음을 빼지 않고 잘 읽어야 하고, 물음표가 있는 문장은 끝을 올려서 읽습니다. 문장의 뜻이 적혀 있지 않은 칸은 뜻을 직접 적어보도록 합니다.

가장 마지막 칸에는 처음 칸에 대한 해답이 나와 있으니 확인해보시면 됩니다.

EXPRESIONS			ANSWERS
핸드폰 한 대?	I have a cellphone.	나 핸드폰 있어.	a cellphone
	I don't have two cellphones.	나 핸드폰 두 대는 없어.	three cellphones
핸드폰 세 대?	You have the cellphone.	너 그 핸드폰 가지고 있구나.	the cellphone
	You don't have a cellphone.	너 핸드폰 없구나.	
그 핸드폰?	Do you have a cellphone?	너 핸드폰 있어?	
헤드셋 한 대?	I have a headset.		a headset
	I have headphones.		two headsets
헤드셋 두 대?	I don't have two headsets.		the headset
	You have the headset.		
	You don't have a headset.		
그 헤드셋?	Do you have a headset?		

A, AN, THE 관사 연습

EXPRESIONS			ANSWERS
연필 한 자루? 연필 두 자루? 그 연필?	**I have a pencil.** **I don't have two pencils.** **You have the pencil.** **You don't have a pencil.** **Do you have a pencil?** **Do you have three pencils?**	나 연필 한 자루 있어. 나는 연필 두 자루는 없어. 너 그 연필 가지고 있구나. 너 연필 없구나. 너 연필 있어? 너 연필 세 자루 있어?	a pencil two pencils the pencil
노트북 1대? 노트북 2대? 그 노트북?	**I have a laptop.** **I don't have two laptops.** **You have the laptop.** **You don't have a laptop.** **Do you have a laptop?**		a laptop two laptops the laptop
공책 한 권? 공책 세 권? 그 공책?	**I have a notebook.** **I don't have two notebooks.** **You have the notebook.** **You don't have a notebook.** **Do you have a notebook?** **Do you have three notebooks?**		a notebook three notebooks the notebook
지우개 하나? 지우개 열 개? 그 지우개?	**I have an eraser.** **I don't have two erasers.** **You have the eraser.** **You don't have an eraser.** **Do you have an eraser?** **Do you have three erasers?**		an eraser ten erasers the eraser
펜 한 자루? 펜 다섯 자루? 그 펜?	**I have a pen.** **I don't have two pens.** **You have the pen.** **You don't have a pen.** **Do you have a pen?** **Do you have three pens?**		a pen five pens the pen

EXPRESIONS			ANSWERS
핸드폰 한 대?	I have a cellphone.	나 핸드폰 있어.	a cellphone
	I don't have two cellphones.	나 핸드폰 두 대는 없어.	three cellphones
핸드폰 세 대?	You have the cellphone.	너 그 핸드폰 가지고 있구나.	the cellphone
	You don't have a cellphone.	너 핸드폰 없구나.	
그 핸드폰?	Do you have a cellphone?	너 핸드폰 있어?	
헤드셋 한 대?	I have a headset.		a headset
	I have headphones.		two headsets
헤드셋 두 대?	I don't have two headsets.		the headset
	You have the headset.		
그 헤드셋?	You don't have a headset.		
	Do you have a headset?		
컵 하나?	I have a cup.		a cup/a tumbler
	I have cups.		seven cups
컵 일곱 개?	I don't have two cups.		the cup
	You have the cup.		
그 컵?	You don't have a cup.		
	Do you have a cup?		
자 한 개	I have a ruler.		a ruler
	I have rulers.		two rulers
자 두 개	I don't have four rulers.		the ruler
	You have the ruler.		
그 자	You don't have the ruler.		
	Do you have a ruler?		
필통 한 개	I have a pencil case.		one pencil case
	I have pencil cases.		four pencil cases
필통 네 개	I don't have three pencil cases.		the pencil case
	You have the pencil case.		
그 필통	You don't have the pencil case.		
	Do you have a pencil case?		

EXPRESIONS		ANSWERS
책 한 권 책 열 권 책 스무 권	I have a book. I have twelve books. I don't have a book. You have the book. You don't have the book. Do you have a book?	a book ten books twenty books
서랍 하나 서랍 여섯 개 그 서랍	I have a drawer. I have two drawers. You have a drawer. You have the drawer. Do you have a drawer? Do you have three drawers?	a drawer six drawers the drawer
10대 한 명 10대 네 명 그 10대(아이)	I am a teenager. I am not a teenager. You are a teenager. You are not a teenager. She/He is a teenager. She/He is not a teenager.	a teenager four teenagers the teenager
계산기 하나 계산기 열두 개 그 계산기	I have a calculator. I have three calculators. You have a calculator. You have the calculator. Do you have a calculator? Do you have no calculator?	a calculator twelve calculators the calculator
나침반 한 개 나침반 두 개 그 나침반	I have a compass. I have no compass. You have two compasses. Do you have a compass? Does she have a compass? Does he have a compass?	a compass two compasses the compass

EXPRESIONS		ANSWERS
옷걸이 하나	I have hangers.	a hanger
	Do you have hangers?	thirty hangers
옷걸이 서른 개	Does she have hangers?	the hanger
	Does he have hangers?	
	Does she have no hangers?	
그 옷걸이	Does he have no hangers?	
사다리 하나	Jack has a ladder.	a ladder
	Jack has no ladder.	eight ladders
사다리 여덟 개	Jack has four ladders.	the ladder
	Does Jack have a ladder?	
	Does Jack have no ladder?	
그 사다리	Does Jack have three ladders?	
커터칼 한 개	She has a cutter.	a cutter
	She doesn't have any cutters.	two cutters
커터칼 두 개	Does she have two cutters?	the cutter
	He has three cutters.	
	He doesn't have a cutter.	
그 커터칼	Does he have any cutters?	
방 하나	There is a room.	one room/ a room
	There is no room.	two rooms
방 두 개	There are five rooms.	the room
	There are no rooms.	
	Is there a room?	
그 방	Are there three rooms?	
집 한 채	There is a house.	a house
	There is no house.	five houses
집 다섯 채	There are four houses.	the house
	There are no houses.	
	Is there a house?	
그 집	Are there two houses?	

	EXPRESIONS			ANSWERS
	창문 하나	There is a window.		a window
		There is no window.		four windows
	창문 네 개	There are five windows.		the window
		There are no windows.		
		Is there a window?		
	그 창문	Are there any windows?		
	아파트 한 채	We have an apartment.		one apartment
		We have three apartments.		two apartments
	아파트 두 채	We don't have an apartment.		the apartment
		They have an apartment.		
		They have four apartments.		
	그 아파트	They don't have an apartment.		
	문 하나	There is a door.		a door
		There is no door.		three doors
	문 세 개	There are no doors.		the door
		There are two doors.		
		Is there a door?		
	그 문	Are there any doors?		
	기타 한 대	Mary has a guitar.		a guitar
		Mary doesn't have a guitar.		two guitars
	기타 두 대	Does Mary have a guitar?		the guitar
		Jack has two guitars.		
		Jack doesn't have a guitar.		
	그 기타	Does Jack have a guitar?		
	(좋은) 생각 하나	We have an idea.	(우리는) 좋은 생각이 하나 있어(!)	an idea
		We have ideas.		ideas
	생각 여러 개	We don't have an idea.		the idea
		They have an idea.		
		They have ideas.		
	그 생각	They don't have any ideas.		

EXPRESIONS		ANSWERS
사진 한 장	Mary has a photo.	a photo
	Mary has no photos.	three photos
사진 세 장	Does Mary have the photo?	the photo
	Jack has pictures.	
	Jack doesn't have any pictures.	
그 사진	Jack doesn't have the picture.	
교과서 한 권	Mary has a textbook.	a textbook
	Mary has the textbook.	ten textbooks
교과서 열 권	Does Mary have a textbook?	the textbook
	Tom has a textbook.	
	Tom has no textbook.	
그 교과서	Does Tom have a textbook?	
유니폼 한 벌	We have uniforms.	a uniform
	We don't have uniforms.	four uniforms
유니폼 네 벌	Do we have uniforms?	the uniform
	They have uniforms.	
	They have no uniform.	
그 유니폼	Do they have uniforms?	
계획	We have a plan.	a plan
	We don't have a plan.	plans
(이것저것 하겠다는) 계획	Do we have a plan?	the plan
	They have a plan.	
	They don't have a plan.	
그 계획	Do they have a plan?	
사전 하나	She has a dictionary.	a dictionary
	She has no dictionary.	two dictionaries
사전 두 개	Does she have a dictionary?	the dictionary
	He has two dictionaries.	
	He has the dictionary.	
그 사전	Does he have a dictionary?	

EXPRESIONS		ANSWERS
시계 하나	She has a clock.	a clock
	She has three clocks.	three clocks
시계 세 개	Does she have no clock?	the clock
	He has two clocks.	
	He has no clock.	
그 시계	Does he have a clock?	
인형 하나	She has a doll.	a doll
	She doesn't have a doll.	five dolls
인형 다섯 개	Does she have the doll?	the doll
	He has a doll.	
	He doesn't have two dolls.	
그 인형	Does he have a doll?	
장난감 하나	She has a toy.	a toy
	She has toys.	toys
장난감 여러 개	Does she have a toy?	the toy
	He has a toy.	
	He has no toys.	
그 장난감	Does he have a toy?	
책상 하나	She has a desk.	a desk
	She has the desk.	two desks
책상 두 개	Does she have a desk?	the desk
	He has no desk.	
	He has three desks.	
그 책상	Does he have two desks?	
코트 한 벌	She has no coat.	a coat
	She has three coats.	three coats
코트 세 벌	Does she have no coat?	coats
	He has a coat.	
	He has two coats.	
코트 여러 개	Does he have a coat?	

EXPRESIONS		ANSWERS
농부 한 명	I am a farmer.	a farmer
	I am not a farmer.	farmers
농부 여러 명	You are a farmer.	the farmer
	You are not a farmer.	
	You are the farmer.	
그 농부	Are you a farmer?	
영업사원 한 명	I am a salesman.	a salesman
	You are a salesman.	three salesmen
영업사원 세 명	They are salesmen.	the salesman
	We are salesmen.	
	Are you a salesman?	
그 영업사원	Are they salesmen?	
도둑 한 명	Mary is a thief.	a thief
	Mary is not a thief.	thieves
도둑 여러 명	We are thieves.	the thief
	We are not thieves.	
	They are thieves.	
그 도둑	Are they thieves?	
엔지니어 한 명	She is an engineer.	an engineer
	She is not an engineer.	two engineers
엔지니어 두 명	They are not engineers.	the engineer
	They are engineers.	
	He is an engineer.	
그 엔지니어	He is not an engineer.	
의사 한 명	She is a doctor.	a doctor
	She is not a doctor.	three doctors
의사 세 명	Is she a doctor?	ten doctors
	He is a doctor.	
	He is not a doctor.	
의사 열 명	Is he a doctor?	

EXPRESIONS		ANSWERS
간호사 한 명 간호사 두 명 그 간호사	Mary is a nurse. Mary is not a nurse. Is Mary a nurse? You are a nurse. You are not a nurse. Are they nurses?	a nurse two nurses the nurse
수의사 한 명 수의사 열 명 그 수의사	I am a vet. I am not a vet. I am not the vet You are the vet. You are not the vet. Are you a vet?	a vet ten vets the vet
배우 한 명 배우 두 명 그 배우	I am an actor. I am an actress. I am not an actor/actress. She is an actress. He is an actor. Is he an actor?	an actor/an actress two actors/actresses the actor/actress
요리사 한 명 요리사들 요리사 네 명	Mary is a cook. Jack is not a cook. Tom is a cook. They are cooks. Isn't she a cook? Are they cooks?	a cook/chef cooks/chefs four cooks/chefs
백만장자 백만장자들 그 백만장자	I am a millionaire. You are not a millionaire. They are millionaires. Are they millionaires? Isn't he a millionaire? Are you a millionaire?	a millionaire millionaries the millionaire

EXPRESIONS		ANSWERS
변호사 한 명	She is a lawyer.	a lawyer
	She is not a lawyer.	two lawyers
변호사 두 명	Is she a lawyer?	the lawyer
	He is a lawyer.	
	He is not a lawyer.	
그 변호사	Isn't he a lawyer?	
우주비행사 한 명	Kate is an astronaut.	an astronaut
	Cole is the astronaut.	three astronauts
우주비행사 세 명	Jack is not an astronaut.	the astronaut
	Is Cole an astronaut?	
	Isn't Jack an astronaut?	
그 우주비행사	Are you an astronaut?	

NOTES

0
zero

1	**2**	**3**	**4**	**5**
a, an, one number one the first	two number two the second	three number three the third	four number four the fourth	five number five the fifth
6	**7**	**8**	**9**	**10**
six number six the sixth	seven number seven the seventh	eight number eight the eighth	nine number nine the ninth	ten number ten the tenth
11	**12**	**13**	**14**	**15**
eleven number eleven the eleventh	twelve number twelve the twelfth	thirteen number thirteen the thirteenth	fourteen number fourteen the fourteenth	fifteen number fifteen the fifteenth
16	**17**	**18**	**19**	**20**
sixteen number sixteen the sixteenth	seventeen number seventeen the seventeenth	eighteen number eighteen the eighteenth	nineteen number nineteen the nineteenth	twenty number twenty the twentieth

124,424,464

one hundred and twenty-four million,
four hundred and twenty-four thousand,
four hundred and sixty four.

---

21 twenty-one
22 twenty-two
23 twenty-three
24 twenty-four
25 twenty-five
26 twenty-six
27 twenty-seven
28 twenty-eight
29 twenty-nine
30 thirty
31 thirty-one
32 thirty-two
33 thirty-three
34 thirty-four
35 thirty-five
36 thirty-six
37 thirty-seven
38 thirty-eight
39 thirty-nine
40 forty
41 forty-one
42 forty-two
43 forty-three
44 forty-four
45 forty-five
46 forty-six
47 forty-seven
48 ....
49 ....
50 fifty
51 fifty-one
52 fifty-two
53 ....
54 ....

55 ....
56 ....
57 ....
58 ....
59 ....
60 sixty
61 sixty-one
62 sixty-two
63 ....
64 ....
65 ....
66 ....
67 ....
68 ....
69 ....
70 seventy
71 seventy-one
72 seventy-two
73 ....
74 ....
75 ....
76 ....
77 ....
78 ....
79 ....
80 eighty
81 eighty-one
82 eighty-two
83 ....
84 ....
85 ....
86 ....
87 ....
88 ....

89 ....
90 ninety
91 ninety-one
92 ninety-two
93 ....
94 ....
95 ....
96 ....
97 ....
98 ....
99 ....
100 one hundred
101 one hundred (and) one
200 two hundred
300 three hundred
400 ....
500 ....
600 ....
700 ....
800 ....
900 ....
1000 one thousand
2000 two thousand
3000 ....
4000 ....
5000 ....
6000 ....
7000 ....
8000 ....
9000 ....
10000 ten thousand
100,000 one hundred thousand
1,000,000 one million
10,000,000 ten million

관사를 마무리하며

지금까지 셀 수 있는 명사에 'a', 'an', '-s','the'를 붙여보고 간단한 문장을 배워보았습니다. 영어로 '나는 공을 하나 가지고 있다.'를 'I have ball.'이라고 하지 않고 'I have a ball'이라고 'a'를 붙여서 표현해줘야 한다는 것을 배운 겁니다. 그리고 또 셀 수 있는 명사의 복수형(여러 개)은 명사 뒤에 '-s', '-es'를 붙인다는 것도 배웠지요. 따라서 '나는 공 열 개를 가지고 있어'는 'I have ten balls.'라 하고, '난 공을 여러 개 가지고 있어'는 'I have balls.'라고 하지요. 위 단어들은 모두 '셀 수 있는 명사'입니다.

단순히 '-s', '-es'를 붙여서 수를 나타내는 것 이외에 **'양'을 나타내는 표현**도 있습니다.
'셀 수 있는 명사'이면서 정확히 몇 개인지 모르겠으나 많거나 적은 양을 말하고 싶을 때는 다음과 같은 표현을 사용할 수 있습니다.

1. a lot of/ lots of (많은)
2. many (많은)
3. some (조금의)

a lot of pencils
lots of pencils
many notebooks
some notebooks
a lot of pens
some pens
many pens

a lot of cellphones
lots of cellphones
some books
many books
a lot of flowers
lots of flowers
many flowers
some flowers

✐ 'a lot of, lots of, many, some'이라는 표현을 써서 '셀 수 있는 명사'에 대한 양을 나타낼 수 있다는 걸 기억해주세요. 원서 읽기 및 영어 작문을 학습할 때 큰 도움이 될 겁니다.

그런데 모든 명사가 셀 수 있는 건 아니지요. 아래 단어는 셀 수 없는 명사입니다.

salt, water, sugar, milk, advice, homework, machinery, baggage, luggage, information, news, traffic, equipment, fun, happiness, music, knowledge, paper, furniture …

이미 배운 단어들이 많이 보이지요?

물, 소금, 설탕과 같은 단어는 한 개, 두 개라고 세기가 좀 곤란합니다. 그래서 a traffic, a salt, a milk라고 표현하지 않고, traffics, salts, milks라고도 하지 않습니다. 이런 명사들은 하나, 둘, 몇 개라고 나타내지는 않지만, 마찬가지로 양을 나타낼 수는 있습니다. 한국말로 생각해봐도 마찬가지죠. 소금이나 설탕을 한 톨씩 세는 건 아니지만 소금의 양이 많은지 적은지는 말할 수 있으니까요. **'셀 수 없는 명사'인 경우, 많거나 적은 양을 말하고 싶을 때** 다음과 같은 표현을 사용할 수 있습니다.

1. a piece of/ pieces of (한 조각의, 한 장의)
2. a bit of/ bits of (조금의)
3. a lot of/ lots of (많은)
4. some (조금)
5. much (많은)

a piece of paper
two pieces of paper
a bit of salt
bits of sugar
a lot of water
a lot of milk
lots of homework

a lot of traffic
a lot of fun
some knowledge
some advice
much water
much happiness
much information

✐ 주의하세요. 'many'는 셀 수 있는 명사와, 'much'는 셀 수 없는 명사와 사용합니다.

many books	many notes
much books (×)	much notes (×)
much salt	much sugar
many salts (×)	many sugars (×)

✐ 모든 명사를 셀 수 있는 명사, 셀 수 없는 명사 두 가지로 딱 잘라 분류할 수 있는 건 아닙니다. 예를 들어 위에서 '셀 수 없다'라고 배운 'knowledge'라는 단어는 셀 수 없는 단어로 주로 쓰지만 상황에 따라 셀 수 있기도 합니다.

ADJECTIVES

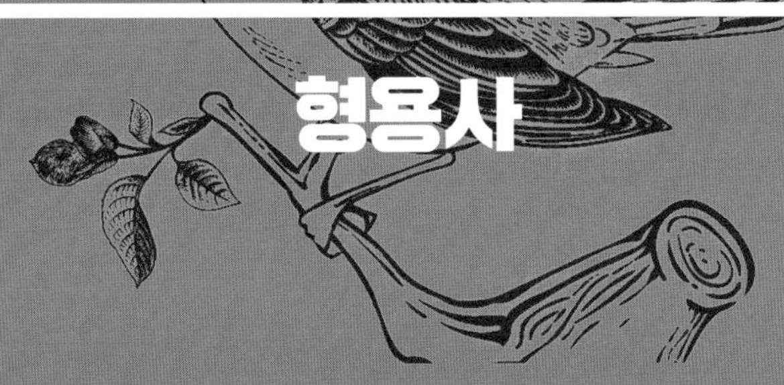

형용사

지금은 남의 땅 – 빼앗긴 들에도 봄은 오는가?

나는 온 몸에 햇살을 받고
푸른 하늘 푸른 들이 맞붙은 곳으로
가르마 같은 논길을 따라 꿈 속을 가듯 걸어만 간다.

입술을 다문 하늘아 들아
내 맘에는 내 혼자 온 것 같지를 않구나.
네가 끌었느냐 누가 부르더냐 답답워라 말을 해다오.

바람은 내 귀에 속삭이며
한자욱도 섰지 마라 옷자락을 흔들고
종다리는 울타리 너머 아가씨같이 구름 뒤에서 반갑다 웃네.

–이상화, 〈빼앗긴 들에도 봄은 오는가〉 중에서

형용사, 들어가기에 앞서

형용사는 명사를 꾸며주는 역할을 합니다. '장난감'이라는 무미건조한 단어에 '파란', '빨간', '커다란', '향기가 나는', '비싼' 등의 설명을 추가하면 단어에 조금 더 확실하고 풍부한 의미를 부여해줄 수 있습니다. 형용사 편에 수록된 시 한 편을 살펴봅시다.

지금은 남의 땅 - 빼앗긴 들에도 봄은 오는가?
나는 온 몸에 햇살을 받고
푸른 하늘 푸른 들이 맞붙은 곳으로
가르마 같은 논길을 따라 꿈 속을 가듯 걸어만 간다.
- 이상화, <빼앗긴 들에도 봄은 오는가> 중에서

위 시에서 등장하는 '빼앗긴', '푸른', '가르마 같은' 표현을 형용사라고 부릅니다. '빼앗긴 들'에서 '들'을 꾸며주는 '빼앗긴stolen', 그리고 '푸른 하늘'에서 '하늘'을 꾸며주는 '푸른blue', 또 '가르마 같은 논길'에서 '논길'을 꾸며주는 '가르마 같은divided' 단어를 형용사라고 하지요. 명사는 셀 수 있는 명사와 셀 수 없는 명사라는 법칙이 있었고, 관사는 셀 수 있는 단어에 'a', 'an', 'the', '-s'를 붙이고, 셀 수 없는 단어에는 'the'를 제외한 관사를 붙이지 않는다는 법칙이 있었지요. 하지만 **형용사는 명사나 관사보다 비교적 법칙에 크게 구애받지 않습니다.** 그리고 꾸며주는 말이니 그 뜻과 종류가 무궁무진합니다. 우리가 이 책에서 볼 형용사는 아주 기본적이고 자주 사용되는 단어입니다. 형용사를 더 많이 보고 싶다면 영어로 된 원서 중 소설 장르를 골라서 보시면 됩니다.

문제부터 풀어볼까요?

형용사 편에 본격적으로 들어가기 전에 아래에 나온 단어와 문장부터 한 번 해석해봅시다. 모르는 표현은 사전을 찾아 채워 넣어 봅시다. 아래 표현에 대한 답은 형용사 편의 가장 끝부분에 수록되어 있습니다.

a pretty picture

a long leg

a big car

nice flowers

good grades

positive reviews

negative reviews

a handsome young man

an ugly dog

a boring job

I am bored.

a bored boy

an exciting concert

an exciting event

I am excited.

She is excited.

an amusing story

He is amused.

an interesting conversation

I am interested in science.

a tall tree

a beautiful wife

different jeans

my favorite cake

a large pizza

hungry cats

fun games

angry dads

angry moms

a peaceful morning

a typical morning

clean dishes

dangerous snakes

healthy people

poor people

little kids

a lonely boy

sticky fingers

an honest man

cheap perfume

an annoying kid

She is annoyed.

shocking news

I am shocked.

terrifying spiders

terrifying stories

I am terrified of spiders.

disappointing moments

My mom is disappointed in me.

a tiring job

I feel tired.

I am tired.

surprising speed

a surprised look

an exciting discovery

pleasing smell

She was pleased to meet him.

a broken glass

It is broken.

The vase is broken.

a finished job

It is finished.

형용사 편 사용법

이제 형용사가 포함된 단어에 대해 배워볼 차례입니다. 형용사 편은 크게 Expressions와 Sentences 편으로 나뉘어 있습니다.

- **EXPRESSIONS 사용법** : EXPRESSIONS 파트는 문장이 아닌 단어 몇 개로 구성된 구句가 적혀 있습니다. 이미 명사 편에서 배운 단어만 등장하며 새로 등장하는 형용사는 사전에 검색하면 곧바로 의미를 알아낼 수 있습니다. 영어로 적혀 있는 표현을 보고 사전을 찾은 후 의미를 적어 넣어 봅시다.

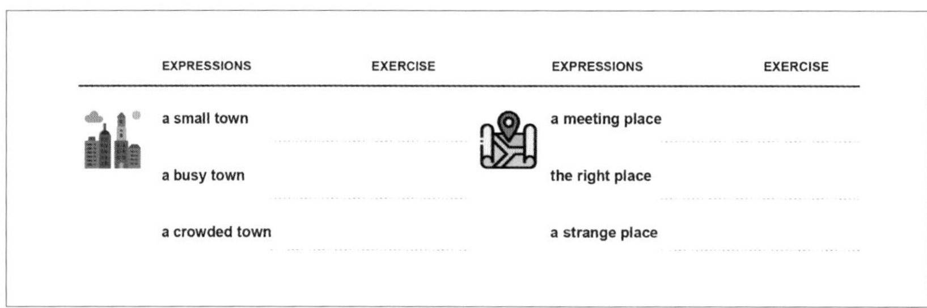

EXPRESSIONS	EXERCISE	EXPRESSIONS	EXERCISE
a small town		a meeting place	
a busy town		the right place	
a crowded town		a strange place	

- **SENTENCES 사용법** : SENTENCES 파트는 구가 아닌 문장으로만 구성되어 있습니다. 앞서 배운 구에 주어와 동사가 달라붙어 문장을 이루고 있습니다. 형용사 편에서는 아직 주어와 동사를 다양하게 사용하지 않습니다. 'I have', 'She has'…와 같은 간단한 표현만 등장하니 쉽게 의미를 유추할 수 있습니다. 사전을 참고하여 문장 옆에 뜻을 적어봅니다.

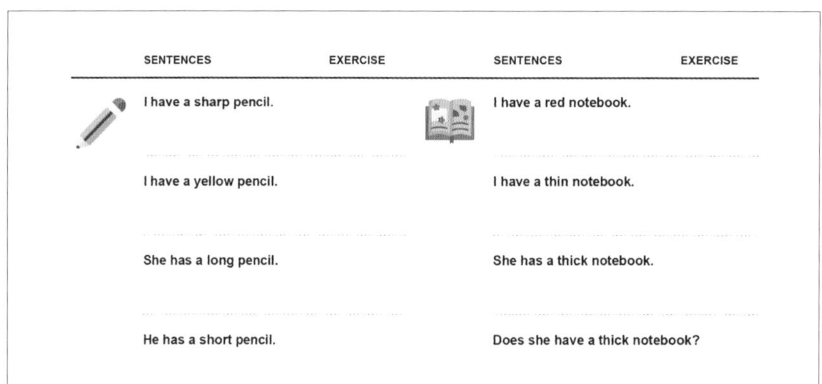

SENTENCES	EXERCISE	SENTENCES	EXERCISE
I have a sharp pencil.		I have a red notebook.	
I have a yellow pencil.		I have a thin notebook.	
She has a long pencil.		She has a thick notebook.	
He has a short pencil.		Does she have a thick notebook?	

EXPRESSIONS	EXERCISE	EXPRESSIONS	EXERCISE
a sharp pencil cf) a mechanical pencil		a red notebook	
a yellow pencil		a thin notebook	
a long pencil		a thick notebook	
a short pencil			
a blue pen		a heavy cellphone	
a used pen		a light cellphone	
a cheap pen		expensive cellphones	
an expensive pen			
used books		a warm house	
an old book		my cozy home	
an adult book		a big house	
		a small house	
an annoying teenager		a cute baby	
a young teenager		an annoying baby	
a normal teenager		a small baby	
a dirty diaper		a big breakfast	
a clean diaper		a light breakfast	
a new diaper		an early breakfast	

EXPRESSIONS	EXERCISE	EXPRESSIONS	EXERCISE
a small town		a meeting place	
a busy town		the right place	
a crowded town		a strange place	
a short skirt		new shoes	
a long skirt		old shoes	
a straight skirt		walking shoes	
		running shoes	
a good plan		a comfortable bed	
a stupid plan		an uncomfortable bed	
a bad plan		a warm bed	
thin walls		a tall chair	
a solid wall		a gray chair	
a thick wall		an ugly chair	
a small doll		a happy clown	
a big doll		a scary clown	
a cute doll		a sad clown	
a new doll			

EXPRESSIONS	EXERCISE	EXPRESSIONS	EXERCISE
an accurate pocket watch		a smart president	
a broken pocket watch		a dumb president	
an old pocket watch		a wonderful president	
		a competent president	
a tall building		a handsome prince	
a historic building		a beautiful princess	
a ten-story building		a selfish prince	
		a selfless prince	
a good friend		a useless tour guide	
an old friend		a helpful tour guide	
my best friend		the best tour guide	
a close friend			
a hidden map		high quality	
a wrong map		poor quality	
a paper map		better quality	
a deserted island		a useful tool	
an offshore island		a good tool	
tropical islands		the right tool	

EXPRESSIONS	EXERCISE	EXPRESSIONS	EXERCISE
a dangerous hunter		a weird character	
a strong hunter		a strong character	
a shrewd hunter		a weak character	
a long hug		unwritten rules	
a big hug		strict rules	
a quick hug		simple rules	
		traditional rules	
a free gift		hot/cold/wet/fine/windy/good/bad weather	
a small gift		beautiful weather	
Thank you for your kind gifts.		great weather	
scented flowers		indoor plants	
lovely flowers		outdoor plants	
a single flower		a green plant	
an enormous tree		the bright sun	
a typical tree		the shining sun	
many trees		the hot sun	
the yellow moon		bright stars	
the large moon		a distant star	
		gold stars	

EXPRESSIONS	EXERCISE	EXPRESSIONS	EXERCISE
a starry sky		eternal life	
cloudy skies		a long life	
the blue sky		a short life	
a brown acorn		heavy rain	
a small acorn		light rain	
cute acorns		cold rain	
red roses		a high mountain	
pink roses		the green mountain	
		The mountain is high.	
a sharp sickle		sacred rivers	
a scary sickle		this long river	
a bloody sickle		any river	
a long hill		a dark cave	
a steep hill		a deep cave	
surrounding hills		a collapsed cave	
a green monster		a flying insect	
an ugly monster		a gross insect	
mythical monsters		beneficial insects	
a scary monster		poisonous insects	

SENTENCES	EXERCISE	SENTENCES	EXERCISE
I have a sharp pencil.		I have a red notebook.	
I have a yellow pencil.		I have a thin notebook.	
She has a long pencil.		She has a thick notebook.	
He has a short pencil.		Does she have a thick notebook?	

SENTENCES	EXERCISE	SENTENCES	EXERCISE
Mom has a blue pen.		She is just an annoying teenager.	
Dad has a used pen.		I am not a normal teenager.	
Jack has a cheap pen.		He is a teenager.	
Mary has an expensive pen.			

SENTENCES	EXERCISE	SENTENCES	EXERCISE
She is a cute baby.		There is a dirty diaper.	
I hate annoying babies.		There is a clean diaper.	
He is just a small baby.		We have a new diaper.	

SENTENCES	EXERCISE	SENTENCES	EXERCISE
I like a short skirt.		She has new shoes.	
I like a long skirt.		She has old shoes.	
I like a straight skirt.		I have walking shoes.	
		I have two pairs of running shoes.	
I don't like a heavy cellphone.		I have a lot of used books.	
I like a light cellphone.		She likes old books.	
Do you have an expensive cellphone?		She has a lot of adult books.	
This is an expensive cellphone.		Mom has a lot of used books.	
I like a warm house.		I like a big breakfast.	
This is my cozy home.		Do you like a big breakfast?	
That is a big house.		She likes a light breakfast.	
This is a small house.		I always have an early breakfast.	

SENTENCES	EXERCISE	SENTENCES	EXERCISE
I live in a small town.		There is no meeting place at this station.	
She lives in a small town.		This is a strange place.	
This is a busy town.		I am in a strange place.	
I hate crowded towns.			
I like comfortable beds.		This is a good plan.	
I hate uncomfortable beds.		This is not a good plan.	
I like warm beds.		This is a stupid plan.	
		This is a bad plan.	
I like thin walls.		This is a tall chair.	
I don't like thin walls.		This is a gray chair.	
		What an ugly chair!	

SENTENCES	EXERCISE	SENTENCES	EXERCISE
I have a small doll.		There is a happy clown.	
She has a big doll.		There is a scary clown.	
I want a cute doll.		There is a sad clown.	
She wants a new doll.			
I have an accurate pocket watch.		He is a smart president.	
She has a broken pocket watch.		She is a dumb president.	
He has an old pocket watch.		He is the president.	
		She is the president.	
This is a tall building.		He is a handsome prince.	
This is a historic building.		She is a beautiful princess.	
This is a ten-story building.		He is a selfish prince.	
		He is a selfless prince.	

SENTENCES	EXERCISE
She is a good friend.	
He is an old friend.	
Mary is my best friend.	
He is a close friend.	

SENTENCES	EXERCISE
I hate that useless tour guide.	
She is a helpful tour guide.	
He is the best tour guide.	

SENTENCES	EXERCISE
There is a hidden map.	
This is a wrong map.	
I have a paper map.	

SENTENCES	EXERCISE
This paper is high quality.	
This paper is poor quality.	
I want better quality.	

SENTENCES	EXERCISE
There is a deserted island.	
This is an offshore island.	
I love tropical islands.	

SENTENCES	EXERCISE
This is a useful tool.	
This is a good tool.	
This is the right tool.	

SENTENCES	EXERCISE
She is a dangerous hunter.	
Mary is a strong hunter.	
Nate is a shrewd hunter.	
It is a long hug.	
It was a big hug.	
It was a quick hug.	
This is a free gift.	
This is a small gift.	
This was a small gift.	

SENTENCES	EXERCISE
She has a weird character.	
He has a strong character.	
I have a weak character.	
There are unwritten rules.	
There are strict rules.	
They are simple rules.	
They are traditional rules.	
I like cold weather.	
I don’t like hot weather.	
What beautiful weather!	

SENTENCES	EXERCISE	SENTENCES	EXERCISE
These are scented flowers.		These are indoor plants.	
What lovely flowers!		These are outdoor plants.	
		I love green plants.	
There is an enormous tree.		Look at the starry sky.	
It was a typical tree.		I love cloudy skies.	
There are many trees.		I love the blue sky.	
They live eternal life.		It is a brown acorn.	
She lived a long life.		This is a small acorn.	
She lived a short life.		There are cute acorns.	
Look at the bright sun.		Look at the yellow moon.	
Look at the shining sun.		Look at the large moon.	

SENTENCES	EXERCISE	SENTENCES	EXERCISE
Look at those bright stars.		It was a heavy rain.	
I love gold stars.		It was a light rain.	
		It is a cold rain.	
She likes red roses.		There is a high mountain.	
Maggie likes pink roses.		There is a green mountain.	
She is holding a sharp sickle.		There are sacred rivers.	
She was holding a sharp sickle.		Look at this long river.	
Look at that bloody sickle.			
It is a long hill.		There is a dark cave.	
It is a steep hill.		This is a deep cave.	
There are surrounding hills.			
The hills are alive.			

SENTENCES	EXERCISE	SENTENCES	EXERCISE
Look at that green monster.		I hate flying insects.	
Look at that ugly monster.		I am not afraid of small insects.	
There are many mythical monsters.			

해답

앞서 보았던 '문제부터 풀어볼까요?'의 해답이 실려 있습니다. 형용사 공부를 시작하기 전 스스로 써놓은 답과 아래 답이 맞는지 확인해봅시다. 틀린 답은 다시 제대로 적어넣어 봅시다. 확인이 끝나면 전치사 편으로 넘어가면 됩니다.

a pretty picture 예쁜 사진/ 예쁜 그림
a long leg 긴 다리
a big car 큰 차
nice flowers 예쁜 꽃들
good grades 좋은 성적(여러 과목)
positive reviews 긍정적인 후기들
negative reviews 부정적인 후기들
a handsome young man 잘생긴 젊은 남자
an ugly dog 못생긴 개
a boring job 지루한 일
I am bored. (나) 따분해.
a bored boy 지루하다고 느낀 아이
an exciting concert 재밌는 콘서트
an exciting event 재밌는 일, 이벤트
I am excited. 신난다(!)
She is excited. 그녀는 신이 났다.
an amusing story 유쾌한(즐거운) 이야기
He is amused. 그는 신이 났다.(즐거워한다)
an interesting conversation 흥미로운 대화
I am interested in science. 나는 과학에 관심이 있어.
a tall tree 키가 큰 나무
a beautiful wife 아름다운 부인
different jeans 다른 청바지
my favorite cake 내가 제일 좋아하는 케이크
a large pizza 큰 피자
hungry cats 배고픈 고양이들
fun games 재미있는 게임들
angry dads 화난 아빠들
angry moms 화난 엄마들
a peaceful morning 평화로운 아침
a typical morning 전형적인 아침

clean dishes 깨끗한 접시들
dangerous snakes 위험한 뱀들
healthy people 건강한 사람들
poor people 불쌍한/가난한 사람들
little kids 작은 꼬마들/아이들
a lonely boy 외로운 소년
sticky fingers 끈적거리는 손가락들
an honest man 정직한 사람/남자
cheap perfume 값싼 향수
an annoying kid 짜증나게 하는 아이
She is annoyed. 그녀는 짜증났다.
shocking news 충격적인 소식
I am shocked. 나는 충격을 받았다.
terrifying spiders 무서운 거미들
terrifying stories 무서운 이야기들
I am terrified of spiders. 나는 거미가 너무 싫다.(무섭다)
disappointing moments 실망스러운 순간들
My mom is disappointed in me. 엄마는 나에게 실망했다.
a tiring job 피곤한 직장
I feel tired. 피곤해.
I am tired. 피곤해.
surprising speed 놀라울 만한 속도
a surprised look 놀란 얼굴(표정)
an exciting discovery 신나는(흥미로운) 발견
pleasing smell 기분 좋은 향기(냄새)
She was pleased to meet him. 그녀는 그를 만나서 좋았다.
a broken glass 부서진 유리컵
It is broken. 이건 부서졌다.
The vase is broken. 꽃병이 부서졌다.
a finished job 끝난 일
It is finished. 모두 끝났다.

PREPOSITIONS

전치사

내가 만약
달이 된다면
지금 그 사람의 창가에도
아마 몇 줄기는 내려지겠지

–김소월, 〈첫사랑〉

전치사, 들어가기에 앞서

전치사는 명사 앞에 와서 방향, 장소, 위치, 시간 등을 나타냅니다.
월요일에, 1월에, 상자 안에, 테이블 위에, 은행 앞에, 동굴 속에 …라는 표현을 할 때 '~에', '~안에', '~위에', '~앞에', '~속에'라고 해석되는 단어들을 전치사라고 합니다. 앞서 나온 김소월 작가의 시 '창가에도 on his window'라는 표현도 역시 전치사를 써서 나타낼 수 있겠지요.

전치사는 함께 오는 명사에 따라 의미가 천차만별입니다. 동일한 전치사도 한국어로는 다양하게 해석되어 많이 헷갈릴 수 있습니다. 게다가 한국어에는 문법적으로 전치사가 규정되어 있지 않아 관사만큼이나 애를 먹이는 부분이기도 합니다. 하지만 원서와 드라마 대본 등 여러 인풋을 통해 영어 문장을 자주 접하게 되면 전치사의 '감'이 생기게 됩니다. 이 책은 초보용이므로 길고 자세한 설명보다는 중요한 포인트만 짚어 약 스무 개의 전치사를 배워볼 예정입니다. 전치사를 학습할 때는 그림을 살펴본 후에 예문을 잘 읽어본 후, 문장을 통째로 암기하는 게 좋습니다.

at

콕! 찍어 말할 때 (장소) ~에

장소 앞에 전치사 'at'을 써서 '~에'를 표현할 수 있습니다. 아래 표를 보고 한글로 뜻이 나와 있지 않은 부분은 사전을 찾아 의미를 채워 넣어봅시다. 빈칸에는 방금 배운 구를 사용하여 영작해보거나 예문을 기입하면 됩니다. 명사 편과 마찬가지로 자유롭게 채워 넣으면 됩니다.

전치사는 항상 함께 다니는 명사가 있으니 함께 나오는 명사까지 통째로 암기합니다. 예를 들어 airport는 '장소'니까 '공항에'라고 말하고 싶을 때는 '장소'를 말하는 'at'을 써야지…라고 생각하는 것보다 '공항에'라는 말은 'at the airport'라고 통째로 기억해두세요. 마찬가지로 'at home', 'at work', 'at the hospital' 등 뒤에 나오는 명사 표현까지 통째로 기억해두는 게 좋습니다.

EXPRESSIONS	EXERCISE	EXPRESSIONS	EXERCISE
at my house 나의 집에		**at the airport** 공항에	
at your house		**at Newark airport**	
at her house		**at JFK**	
at my friend's house			
at Mary's house			
at Tom's house			
at the bus stop 버스 정류장에		**at work** 직장에	
at a taxi stand 택시 승강장에		**at her office** 그녀의 사무실에	
		at his office	
at home 집에		**at the doctor's office** (진찰) 병원에	

EXPRESSIONS	EXERCISE	EXPRESSIONS	EXERCISE
at the party 파티에		at the conference 회의에	
at his party			
at her party			
at their party			
at our party			
at the cinema		at school 학교에	
at the theater 영화관에		at Yale	
		at college	
		at Hunter College	
at the bank 은행에		at the dentist's 치과의사 사무실(병원)에	
		at the hospital 병원에	
at a hotel 호텔에		at 23 Brookfield Avenue 23번 Brookfield가에	
		at the crossroad 교차로에	
at the supermarket 슈퍼에		at the concert 콘서트에	
at the mall 쇼핑몰에			
at the door 문(앞)에		at a restaurant 식당에	
at the gate 대문(앞)에			

at

앞서 배운 전치사 표현을 이용하여 간단한 문장을 배워봅시다. 각 문장의 뜻은 사전을 찾아보며 해석해봅시다. 비교적 간단한 문장이니 사전에 검색하면 곧바로 뜻을 찾아볼 수 있습니다.

SENTENCES	EXERCISE	SENTENCES	EXERCISE
I am at my house.		I am at the airport.	
I was at my house.		I am at Newark airport.	
You are at my house.		I was at the airport.	
You were at my house.		He is at the airport.	
She is at my house.		He was at the airport.	
She was at my house.		He was at JFK.	
I am at the bus stop.		I am at work.	
I was at the bus stop.		I was at work last night.	
She is at the bus stop.		She is at her office.	
She was at the bus stop.		She was at her office.	
He is at the bus stop.		He is at his office.	
He was at the bus stop.		He was at his office.	

SENTENCES	EXERCISE	SENTENCES	EXERCISE
I am at home.		I am at the doctor's office.	
I was at home.		I was at the doctor's office.	
She is at home.		She is at the doctor's office.	
She was at home.		She was at the doctor's office.	
He is at home.		He is at the doctor's office.	
He was at home.		He was at the doctor's office.	
I am at the party.		I am at the conference.	
I was at his party.		I was at the conference.	
He is at her party.		He is at the conference.	
He was at her party.		He was at the conference.	
I am at their party.		Mary is at the conference.	
I was at your party.		Jack was at the conference.	

SENTENCES	EXERCISE
I am at the cinema.	
I was at the cinema.	
She is at the theater.	
She was at the theater.	
He is at the theater.	
He was at the theater.	

SENTENCES	EXERCISE
I am at school.	
I was at school.	
Jamie is at school.	
Kate is at school.	
Jack was at school.	

SENTENCES	EXERCISE
My mom is at the bank.	
My mom was at the bank.	
She is at the bank.	
She was at the bank.	
How much do you have in the bank?	
I have to go to the bank today.	
She works at a bank.	
I need to go to the bank.	

SENTENCES	EXERCISE
I am at the dentist's.	
I was at the dentist's.	
She is at the hospital.	
She was at the hospital.	
We are at the hospital.	

	SENTENCES	EXERCISE		SENTENCES	EXERCISE
HOTEL	They are at the hotel.			I am at the concert.	
	They were at the hotel.			I was at the concert.	
	We are at the hotel.			He is at the concert.	
	We were at the hotel.			He is not at the concert.	
	She is at the hotel.			She is at the concert.	
	She was at the hotel.			She is not at the concert.	
	No one's at the hotel.			We were at the concert.	

	SENTENCES	EXERCISE		SENTENCES	EXERCISE
	I was at 23 Brookfield Avenue.			I am not at a restaurant.	
	I am at the crossroad.			I was not at a restaurant.	
				She is at a restaurant.	
				She was not at a restaurant.	
				Maggie is at a restaurant.	
				Maggie is not at a restaurant.	

SENTENCES	EXERCISE	SENTENCES	EXERCISE
I am at the supermarket.		I am at the door.	
I was at the supermarket.		I was at the door.	
She is at the supermarket.		I was not at the door.	
He is at the supermarket.		Who is at the door?	
She is not at the mall.		There was a man at the gate.	
He is not at the mall.			

at

콕! 찍어 말할 때 (시간) ~에

실제 사물의 위치를 나타낼 때뿐 아니라 기간이나(식사) 시간 등을 나타낼 때도 at을 사용합니다. 'at the back of~', 'at the front of', 'at the top of', 'at the bottom of', 'at the end of' 등 'back', 'front', 'top', 'bottom'과 함께 써서 더 풍부한 표현을 할 수 있습니다. 또한 나이를 표현할 때도 at을 씁니다.

지금까지 배운 at의 쓰임 이외에도 여러 다른 쓰임이 있으니 어떤 경우에 at을 쓰는지 일일이 암기하려고 하지 않아도 됩니다(사전마다 다르지만, 평균적으로 at은 10가지가 넘는 의미가 있습니다.). 지금은 이 책에 나오는 문장이나 표현에서 at이 어떤 의미로 사용되는지 잘 살펴보고 표현 자체를 통째로 기억하면 됩니다.

EXPRESSIONS	EXERCISE
at the weekend (영국식)	
= on the weekend 주말에 (미국식)	
at weekends 주말마다	
at midnight 자정에	
cf. in the morning	
in the afternoon	
at night	
in the evening	

EXPRESSIONS	EXERCISE
at Christmas 크리스마스에	
at Easter 부활절에	

EXPRESSIONS	EXERCISE	EXPRESSIONS	EXERCISE
at night 밤에		**at the end of the month** 월말에	
at dawn (해가 뜰 무렵) 새벽에		**at the end of the week** 주말에	
at breakfast 아침에(아침식사 때)		**at lunch** 점심에(점심식사 때)	
at dinner		**at 9**	
at supper 저녁에(저녁식사 때)		**= at 9 o'clock**	
		= at 9 of the clock 9시에	
at the back 뒤에		**at noon** 정오에	
at the back of the book			
at the back of the car			
at the top 제일 위에		**at the age of 15** 15살에	
at the top of the building 건물 옥상에(제일 위에)		**at 25** 25살에	

at

앞서 배운 전치사 표현을 이용하여 간단한 문장을 배워봅시다. 각 문장의 뜻은 사전을 찾아보며 해석해봅시다. 비교적 간단한 문장이니 사전에 검색하면 곧바로 뜻을 찾아볼 수 있습니다.

SENTENCES	EXERCISE
At weekends, I don't go to school.	
Last weekend, I went to church.	
The office is closed at the weekend.	
cf) on the weekend	
I want to see you at Christmas.	
She wants to see me at Christmas.	
He wanted to see her at Christmas.	
Let's meet at night.	
We meet at night.	
We met at night.	
Let's meet at dawn.	
We meet at dawn.	
We met at dawn.	
I will leave at midnight.	
She leaves at midnight.	
Mary will leave at midnight.	
Tom left at midnight.	
Maggie left at midnight.	
She was at home at Easter.	
I am not at home at Easter.	

SENTENCES	EXERCISE	SENTENCES	EXERCISE
I drink at breakfast.		I will be here at the end of the month.	
She drinks at breakfast.		She will be here at the end of the month.	
I eat cereal at breakfast.		I will be here at the end of the week.	
I ate cereal at breakfast.		She will be here at the end of the week.	
She has cereal at breakfast.			
She had cereal at breakfast.			
See you at 9.		I eat nothing at lunch.	
Be here at 9.		I eat bagels at lunch.	
I will be there at 5.		I ate bagels at lunch.	
Mom was home at 5.		I had a burger at lunch.	
I go to school at 8.		I wanted to have a burger at lunch.	
I come home at 10.		I always have a burger at lunch.	
I eat meat at dinner.		I drink coffee at supper.	
He drinks coffee at supper.			

SENTENCES	EXERCISE	SENTENCES	EXERCISE
We will meet at noon.		There is a picture at the back of the book.	
We met at noon.		There was a bag at the back of the car.	
People go to college at 18.		I am standing at the top of the building.	
She went to college at the age of 15.		I am standing at the top of the mountain.	
I went to college at 25.		I am standing at the top of the rock.	
He went to college at 40.			

쏙! 안에 있는 (장소, 시간, 날짜) ~에

이번 장에서는 장소 앞에 전치사 'in'을 써서 '~안에'를 표현해봅시다. 'in'은 장소뿐 아니라 월(月), 계절, 시간을 나타내는 표현 앞에 붙어서 '~에'라는 뜻을 나타냅니다. 다음 표를 보고 한글로 뜻이 나와 있지 않은 부분은 사전을 찾아 의미를 채워 넣어봅시다. 빈칸에는 방금 배운 구를 사용하여 영작해보거나 예문을 기입하면 됩니다. 명사 편과 마찬가지로 자유롭게 채워 넣으면 됩니다. 전치사는 항상 함께 다니는 명사가 있으니 함께 나오는 명사까지 통째로 암기합니다.

EXPRESSIONS	EXERCISE	EXPRESSIONS	EXERCISE
in Seoul 서울에		**in the car** 차 안에	
in Busan		**in my car**	
in Korea		**in his car**	
in Spain		**in your car**	
in Australia		**in their cars**	
in the USA			
in the garden 정원에(서)		**in the park** 공원에	
in my garden		**in the national park**	
in her garden		**in this park**	
in our garden		**in that park**	
in an ambulance 구급차 안에		**in the school** 학교에	
		in the classroom 교실에	

EXPRESSIONS	EXERCISE
in the room 방에	
in your room	
in their room	
in this quiet room	

EXPRESSIONS	EXERCISE
in the kitchen 부엌에	
in a clean kitchen	
in a dirty kitchen	

EXPRESSIONS	EXERCISE
in the street 거리에	
in this dark street	

EXPRESSIONS	EXERCISE
in a week 1주일 안에	

EXPRESSIONS	EXERCISE
in January 1월에	
in February 2월에	
in March 3월에	
in April 4월에	
in May 5월에	
in June 6월에	
in July 7월에	
in August 8월에	
in September 9월에	
in October 10월에	
in November 11월에	
in December 12월에	

EXPRESSIONS	EXERCISE
in (the) spring 봄에	
in the spring of 2010	
in (the) summer 여름에	
in (the) autumn 가을에	
in (the) fall 가을에	
in (the) winter 겨울에	

EXPRESSIONS	EXERCISE
in 2014 2014년에	
in 1950	
in the year 2010	
in the year 2015	

EXPRESSIONS	EXERCISE
in the fifteenth century 15세기에	
in the last century 저번 세기에	
in the next century 다음 세기에	

EXPRESSIONS	EXERCISE
in the morning 아침에	
in the afternoon 점심에	
in the evening 저녁에	
cf. at midnight	

EXPRESSIONS	EXERCISE
in 20 minutes 20분 안에	
in an hour 한 시간 안에	

EXPRESSIONS	EXERCISE
in a day 하루 안에	
in three years 삼년 안에	

in

앞서 배운 전치사 표현을 이용하여 간단한 문장을 배워봅시다. 각 문장의 뜻은 사전을 찾아보며 해석해봅시다. 비교적 간단한 문장이니 사전에 검색하면 곧바로 뜻을 찾아볼 수 있습니다.

SENTENCES	EXERCISE
I am in Seoul.	
I was in Seoul.	
You are in Seoul.	
You were in Seoul.	
She is in Busan.	
She is in Korea.	
He was in Spain.	
She is in an ambulance.	
She was in an ambulance.	
I am in an ambulance.	
I was in the ambulance.	
He is in the ambulance.	

SENTENCES	EXERCISE
My cat is in the car.	
Her dogs are in my car.	
My mom is in his car.	
Your cats were in your car.	
My children are in their cars.	
My dad was in the car.	
Mom is in the garden.	
There are roses in my garden.	
There are tulips in her garden.	

SENTENCES	EXERCISE	SENTENCES	EXERCISE
I will be in the park.		Mom is in the kitchen.	
She will be in the park.		I am in a clean kitchen.	
He will be in the park.		I want to be in a clean kitchen.	
I will go to the park.		I don't want to be in a dirty kitchen.	
She will go to the park.			
Jamie will go to the park.			
I will be in the school.		I am in the room.	
I will be in the classroom.		I am in your room.	
She is in the school.		They were in their room.	
He was in the school.		I want to be in this quiet room.	
He will be in the classroom.			
There are many cars in the street. (=on the street)		I will lose 5 pounds in a week.	
I don't want to be in this dark street.		I want to lose 10 pounds in two weeks.	

SENTENCES	EXERCISE	SENTENCES	EXERCISE
In January, I will go on a picnic.		In 2014, I will go to Paris.	
In June, I will go to the beach.		In 1950, my father was born.	
She will be back in July.		In 1955, my mother was born.	
He will be back in August.			
My birthday is in October.			
Her birthday is in November.			
I study in the morning.		That king lived in the fifteenth century.	
I take a nap in the afternoon.		We will have personal robots in the next century.	
I don't eat chocolate cookies at midnight.			
She will be here in 20 minutes.		Finish your homework in a day.	
I will be there in an hour.		I will graduate from high school in three years.	
I want to go skiing in (the) winter.			
I want to go on a picnic in (the) spring.			

on

착! 달라붙어 있는 ~(위)에

이번 장에서는 전치사 'on'을 써서 '~(위)에'를 표현해봅시다. 'on'은 주로 운송수단이나 날짜와 함께 와서 '~날에', '~위에' 등을 나타냅니다. 다음 표를 보고 한글로 뜻이 나와 있지 않은 부분은 사전을 찾아 의미를 채워 넣어봅시다. 빈칸에는 방금 배운 구를 사용하여 영작해보거나 예문을 기입하면 됩니다. 명사 편과 마찬가지로 자유롭게 채워 넣으면 됩니다. 전치사는 항상 함께 다니는 명사가 있으니 함께 나오는 명사까지 통째로 암기합니다.

EXPRESSIONS	EXERCISE	EXPRESSIONS	EXERCISE
on the bed 침대 위에		**on the table** 테이블 위에	
on the roof 지붕 위에		**on my hand** 내 손 위에	
on the floor 바닥 위에(바닥에)		**on the desk** 책상 위에	
on TV TV에 **cf) on the TV**		**on the bus** 버스 위에(버스에)	
on the train 기차 위에(기차에)		**on the ship** 배 위에(배에)	

EXPRESSIONS	EXERCISE	EXPRESSIONS	EXERCISE
on the van 밴 위에(밴에)		**on the wall** 벽 위에(벽에)	
cf. in the car 차 안에			
on Monday(M 대문자) 월요일에		**on Friday** 금요일에	
on Tuesday		**on Saturday**	
on Wednesday		**on Sunday**	
on Thursday		**on that day**	
on my birthday 내 생일에		**on Monday morning** 월요일 아침에	
on our anniversary 우리 기념일에		**on Tuesday evening** 화요일 저녁에	
on New Year's Eve 새해 전날에		**on Monday 10th** 10일인 월요일에	
on New Year's Day 새해 첫 날에		**on Monday 1st** 1일인 월요일에	
on Christmas Eve 크리스마스 전날에		**on the seventh of May** 5월 7일에	

on

앞서 배운 전치사 표현을 이용하여 간단한 문장을 배워봅시다. 각 문장의 뜻은 사전을 찾아보며 해석해봅시다. 비교적 간단한 문장이니 사전에 검색하면 곧바로 뜻을 찾아볼 수 있습니다.

SENTENCES	EXERCISE
I am on the bed.	
She is on the bed.	
Mary was on the bed.	
There is a book on my bed.	
There are acorns on the roof.	
There are squirrels on his roof.	
There were squirrels on her roof.	
There are a lot of toys on the floor.	
He is sitting on the floor.	
He is on the train.	
There were three women on the train.	
There was no one on the train.	

SENTENCES	EXERCISE
There is an apple on the table.	
There are three lemons on the table.	
I have pills on my hand.	
There was red ink on her hand.	
There is a computer on the desk.	
There were three computers on her desk.	
Mary was on the ship.	
Irene and Jenny are on the ship.	
Irene and Jenny were on the ship.	

SENTENCES	EXERCISE	SENTENCES	EXERCISE
Michael Jackson is on TV.		There is a fridge on the van.	
Beyonce is on TV.			
I am on the bus.		I go swimming on Mondays. *on Mondays 매주 월요일	
I am on the bus right now.			
She is on the bus with me.		She goes swimming on Mondays.	
Mom is not on the bus.			
I drink on Fridays. *on Fridays 매주 금요일		We ate cake on New Year's Eve.	
		We drank wine on New Year's Day.	
She goes to church on Sundays.		We first kissed on Christmas Eve.	
I have to work on my birthday.		I eat donuts on Monday mornings.	
She has to work on her birthday.		I do yoga on Tuesday evenings.	
My wife had to work on our anniversary.			
There is a painting on the wall.		You should be there on Monday 10th.	
I don't have paintings on my wall.		I was at school on Monday 1st.	

in front of | behind

~앞에 ~뒤에

이번 장에서는 전치사 'in front of'와 'behind'를 써서 '앞에'와 '뒤에'를 표현해봅시다. 여러 의미가 있는 다른 전치사와 달리 위치를 나타내는 'in front of'와 'behind'는 다의적이지 않아 외우기 편합니다. 다음 표를 보고 한글로 뜻이 나와 있지 않은 부분은 사전을 찾아 의미를 채워 넣어봅시다. 빈칸에는 방금 배운 구를 사용하여 영작해보거나 예문을 기입하면 됩니다. 명사 편과 마찬가지로 자유롭게 채워 넣으면 됩니다. 전치사는 항상 함께 다니는 명사가 있으니 함께 나오는 명사까지 통째로 암기합니다.

EXPRESSIONS	EXERCISE	EXPRESSIONS	EXERCISE
in front of me 내 앞에		**in front of my house** 내 집 앞에	
in front of him		**in front of your house**	
in front of her		**in front of her house**	
in front of us		**in front of his house**	
in front of them		**in front of this house**	
		in front of that house	
in front of the desk 책상 앞에		**in front of the chair** 의자 앞에	
in front of the bank 은행 건물 앞에		**in front of the car** 차 앞에	
in front of the mirror 거울 앞에		**in front of the fireplace** 벽난로 앞에	

EXPRESSIONS	EXERCISE
in front of my computer 컴퓨터 앞에	
behind me 내 뒤에	
behind you	
behind him	
behind her	
behind the curtain 커튼 뒤에	
behind the station 그 역 뒤에	
behind my chair 내 의자 뒤에	
behind these chairs	

EXPRESSIONS	EXERCISE
behind the desk 책상 뒤에	
behind the story 그 이야기 뒤에	
behind the building 그 건물 뒤에	
behind the clouds 구름 뒤에	
behind the cupboard 찬장 뒤에	

in front of | behind

앞서 배운 전치사 표현을 이용하여 간단한 문장을 배워봅시다. 각 문장의 뜻은 사전을 찾아보며 해석해봅시다. 비교적 간단한 문장이니 사전에 검색하면 곧바로 뜻을 찾아볼 수 있습니다.

SENTENCES	EXERCISE	SENTENCES	EXERCISE
She is standing in front of me.		There is nothing in front of the desk.	
Mary was standing in front of him.		There was no chair in front of the desk.	
There is nothing in front of the chair.		There is a cat in front of my window.	
There is no desk in front of the chair.		There was a cat in front of his house.	
There is cash in front of the bank.		There is a person in front of the car.	
People gathered in front of the bank.		There is a man in front of the car.	
I was sitting in front of the mirror.		We are sitting in front of the fireplace.	
She is sitting in front of the mirror.			

SENTENCES	EXERCISE	SENTENCES	EXERCISE
I was sitting in front of my computer.		She was working behind the desk.	
		There is no one behind the desk.	
The hairdresser is standing behind me.		There is a secret behind the story.	
No one is behind you.		There is a horrible secret behind the story.	
The boy was hiding behind the curtain.		There is a bank behind the building.	
		There was a bank behind the building.	
There are trains behind the station.		There is the sun behind the clouds.	
There is a man behind my chair.		There is no room behind the cupboard.	

near | opposite | over | under

near	opposite	over	under
가까이에	맞은편에	너머에	아래에

이번 장에서는 전치사 'near', 'opposite', 'over', 'under'를 써서 '가까이에', '맞은 편에', '너머에', '아래에'를 표현해봅시다. 앞서 배운 'in front of', 'behind'와 마찬가지로 위치를 나타내는 전치사는 다의적이지 않아 외우기 편합니다. 아래 표를 보고 한글로 뜻이 나와 있지 않은 부분은 사전을 찾아 의미를 채워 넣어봅시다. 빈칸에는 방금 배운 구를 사용하여 영작해보거나 예문을 기입하면 됩니다. 명사 편과 마찬가지로 자유롭게 채워 넣으면 됩니다. 전치사는 항상 함께 다니는 명사가 있으니 함께 나오는 명사까지 통째로 암기합니다.

EXPRESSIONS	EXERCISE
near my school 내 학교 주변에(가까이에)	
near the window 창문 근처에	
near me 내 주변에(가까이에)	
near you	
near her	
near him	
near us	
near them	

EXPRESSIONS	EXERCISE
near my house 내 집 주변에(가까이에)	
near the tent 그 텐트 가까이에	
opposite me 내 반대편에	
opposite you	
opposite her	
opposite him	
opposite us	
opposite them	

EXPRESSIONS	EXERCISE	EXPRESSIONS	EXERCISE
opposite the playground 놀이터 맞은 편에		**opposite the park** 공원 맞은 편에	
opposite the supermarket 슈퍼마켓 맞은 편에		**opposite the bank** 은행 맞은 편에	
over the hill 언덕 너머		**over the rainbow** 무지개 너머	
over a sweater 스웨터 위에		**under the sky** 하늘 아래에	
under the bed 침대 아래에 **under the chair** 의자 아래에		**under the table** 테이블 아래에	
under the umbrella 우산 아래에			

near | opposite | over | under

앞서 배운 전치사 표현을 이용하여 간단한 문장을 배워봅시다. 각 문장의 뜻은 사전을 찾아보며 해석해봅시다. 비교적 간단한 문장이니 사전에 검색하면 곧바로 뜻을 찾아볼 수 있습니다.

SENTENCES	EXERCISE	SENTENCES	EXERCISE
There are two trees near my school.		There are two trees near my house.	
There are many trees near my school.		There were three trees near my house.	
There is a desk near the window.		There is a bed near me.	
There is a green chair near the window.			
There was no other tent near my tent.		The man is sitting opposite me.	
		The woman is sitting opposite you.	

SENTENCES	EXERCISE	SENTENCES	EXERCISE
There is a building opposite the playground.		There is a building opposite the park.	
There are tall, gray buildings opposite the playground.		There were many buildings opposite the park.	
There is a bank opposite the supermarket.		There was a supermarket opposite the bank.	
There is the sun over the hill.		Somewhere over the rainbow, blue birds fly.	
She could see the sun over the hill.			
Put on a coat over that sweater.		There are yellow birds under the sky.	
There are ghosts under the bed.		There is a small chair under the table.	
There is a ball under his foot.		We were walking under the umbrella.	

beside | next to | between | among

beside	next to	between	among
옆에	옆에	~사이에	~사이에

이번 장에서는 전치사 'beside', 'next to', 'between', 'among'을 써서 '옆에', '사이에'를 표현해봅시다. 'beside'와 'next to'는 상호교환하여 사용할 수 있지만 'between'과 'among'은 그렇지 않습니다. 두 단어의 뜻은 '~사이에'로 동일하지만 쓰임은 조금 다릅니다. **두 명이나 두 개의 물건** 사이에는 **'between'**을 사용하고 **세 명이나 세 개 이상의 물건** 사이를 말할 때는 **'among'**을 씁니다.

between you and me(O)

between you and me and her(X)

among you, me, and her(O)

between the two lions(O)

between the three lions(X)

among the three lions(O)

아래 표를 보고 한글로 뜻이 나와 있지 않은 부분은 사전을 찾아 의미를 채워 넣어봅시다. 빈칸에는 방금 배운 구를 사용하여 영작해보거나 예문을 기입하면 됩니다. 명사 편과 마찬가지로 자유롭게 채워 넣으면 됩니다. 전치사는 항상 함께 다니는 명사가 있으니 함께 나오는 명사까지 통째로 암기합니다.

EXPRESSIONS	EXERCISE	EXPRESSIONS	EXERCISE
beside the bed		**beside me** 내 옆에	
next to the bed 침대 옆에		**beside her**	
		next to me	
		next to her	
beside the table 테이블 옆에		**beside a lake** 호수 옆에	
next to the table		**beside a river** 강 옆에	
		next to a lake	
		next to a river	

EXPRESSIONS	EXERCISE	EXPRESSIONS	EXERCISE
beside the pool 수영장 옆에		**beside the school building** 학교 건물 옆에	
next to the pool		**next to the school building**	
between me and you 너와 나 사이에		**between two friends** 두 친구 사이에	
between meals 식사 사이에(식간에)		**between the desk and the wall** 책상과 벽 사이에	
between my mother and father 나의 엄마와 아빠 사이에		**between 7 and 10 hours** 7~10시간 정도	
among me, you, and her 나, 너 그리고 그녀 중에		**among me, you, her, and him** 나, 너, 그녀 그리고 그 중에	
among the trees 나무들 사이에		**among many people** 많은 사람들 사이에	
among the leaves 잎들 사이에			
among family 가족 사이에(가족 간에)		**among artists** 예술가들 사이에	
among friends			
among us 우리들 사이에			
among them			

beside | next to | between | among

앞서 배운 전치사 표현을 이용하여 간단한 문장을 배워봅시다. 각 문장의 뜻은 사전을 찾아보며 해석해봅시다. 비교적 간단한 문장이니 사전에 검색하면 곧바로 뜻을 찾아볼 수 있습니다.

SENTENCES	EXERCISE	SENTENCES	EXERCISE
I am standing beside the bed.		There is a black bag beside me.	
		There is a black bag beside her.	
He is talking on the phone beside the table.		There is grass beside a lake.	
He is standing next to the table.		There are trees beside a river.	
There is a parasol beside the pool.		There is nothing beside the school building.	
There are margaritas next to the pool.			
There is no secret between me and you.		There is no secret between two friends.	
There are two children between me and him.			

SENTENCES	EXERCISE	SENTENCES	EXERCISE
I don't eat snacks between meals.		There is no space between the desk and the wall.	
I eat snacks between meals.			
I am standing between my mother and father.		We need to sleep between 7 and 10 hours.	
You should choose among me, you, and her.		There was a deer among the trees.	
We compete among many people.		There is eternal love among family.	
There was a weird rumor among artists.		There is a thief among us.	

before | after

~전에 | ~후에

이번 장에서는 전치사 'before', 'after'를 써서 '~전에'와 '~후에'를 표현해봅시다. 아래 표를 보고 한글로 뜻이 나와 있지 않은 부분은 사전을 찾아 의미를 채워 넣어봅시다. 빈칸에는 방금 배운 구를 사용하여 영작해보거나 예문을 기입하면 됩니다. 명사 편과 마찬가지로 자유롭게 채워 넣으면 됩니다. 전치사는 항상 함께 다니는 명사가 있으니 함께 나오는 명사까지 통째로 암기합니다.

EXPRESSIONS	EXERCISE	EXPRESSIONS	EXERCISE
before breakfast 아침식사 전에		**before lunch** 점심식사 전에	
after breakfast 아침식사 후에		**after lunch**	
before dinner 저녁식사 전에		**before 6 o'clock** 6시 전에	
after dinner			
before me 나보다 먼저, 내 앞에		**the day before yesterday** 엊그제	
before the war 전쟁 이전에		**before departure** 출발 전에	

EXPRESSIONS	EXERCISE	EXPRESSIONS	EXERCISE
before the school 학교 건물 바로 전에		**after an hour**	
		after one hour 한 시간 후에	
		after two hours	
after 20 minutes 20분 후에		**after the movie** 영화를 본 후	
after 30 minutes			
after the concert 콘서트가 끝난 후		**After you.** 먼저 가.	
after the show 공연이 끝난 후			
after 6 o'clock 6시 후에		**after the war** 전쟁 후에	
the day after tomorrow 내일 모레		**after the school** 학교 건물 지나서	

before | after

앞서 배운 전치사 표현을 이용하여 간단한 문장을 배워봅시다. 각 문장의 뜻은 사전을 찾아보며 해석해봅시다. 비교적 간단한 문장이니 사전에 검색하면 곧바로 뜻을 찾아볼 수 있습니다.

SENTENCES	EXERCISE	SENTENCES	EXERCISE
I jog before breakfast.		I have a meeting before lunch.	
She goes for a jog before breakfast.		She will go home after lunch.	
He jogs after breakfast.			
They will come before dinner.		I go to the gym before 6.	
Clean the table after dinner.		She goes to the gym before 6.	
		Maggie goes to the gym before 6.	
He is standing before me.		I ate chocolate chip cookies the day before yesterday.	
Do you want to go before me?			
We were happy before the war.		Buy some donuts before departure.	

SENTENCES	EXERCISE	SENTENCES	EXERCISE
I will have an apple pie after an hour.		Come in after 20 minutes.	
		Come in after 30 minutes.	
The bus stop is just before the school.		We had donuts after the movie.	
Turn left just before the bank.		We had burgers after the movie.	
Turn left just before you reach the bank.			
I bought some CDs after the concert.		After you, Madam!	
We met the actors after the show.		After you with the pencil, please.	
After 6, you can go home.		We could meet him after the war.	
I will go to church the day after tomorrow.		My house is before the bank and after the school.	

for

꼭! 마음에 두고 (사람) ~를 위해, (시간) ~동안에, (장소) ~를 향해서

이번 장에서는 전치사 'for'를 배워봅시다. 전치사는 대부분 다의적이지만 'for'는 그중에서도 압도적으로 의미가 다양합니다. 사전마다 다르지만 《메리엄 웹스터 학습자 사전(Merriam-Webster's Learner's Dictionary)》에 의하면 'for'는 20개 이상의 의미가 있습니다. 그중 'for'는 '~를 위해', '~동안에', '~를 향해서'라는 뜻으로 가장 많이 사용합니다. 아래 표현을 보면서 'for'라는 전치사가 어떻게 쓰이는지 익혀봅시다. 아래 표를 보고 한글로 뜻이 나와 있지 않은 부분은 사전을 찾아 의미를 채워 넣어봅시다. 빈칸에는 방금 배운 구를 사용하여 영작해보거나 예문을 기입하면 됩니다. 명사 편과 마찬가지로 자유롭게 채워 넣으면 됩니다. 전치사는 항상 함께 다니는 명사가 있으니 함께 나오는 명사까지 통째로 암기합니다.

EXPRESSIONS	EXERCISE	EXPRESSIONS	EXERCISE
for you 너를 위해		**for mom** 엄마를 위해	
for me		**for dad**	
for her			
for him			
for grandmother 할머니를 위해		**for Jamie** Jamie를 위해	
for grandfather		**for Eric**	
		for Peter	
for my children 내 아이들을 위해		**for everyone** 모두를 위해	

EXPRESSIONS	EXERCISE	EXPRESSIONS	EXERCISE
for an hour 한 시간 동안		**for a week** 일주일 동안	
for ten hours		**for two weeks**	
for a long time 오랜 시간 동안		**for a while** 잠시 동안	
for 10 years 10년 동안		**for years** 수 년 동안	
for Seoul 서울로 가는(서울을 향한)		**for Busan** 부산으로 가는(부산을 향한)	
for home 집으로		**for Japan** 일본으로 가는	
for JFK airport JFK공항으로 가는		**for New York** 뉴욕으로 가는	

for

앞서 배운 전치사 표현을 이용하여 간단한 문장을 배워봅시다. 각 문장의 뜻은 사전을 찾아보며 해석해봅시다. 비교적 간단한 문장이니 사전에 검색하면 곧바로 뜻을 찾아볼 수 있습니다.

SENTENCES	EXERCISE
These flowers are for you.	
These flowers are for her.	
This necklace is for grandmother.	
This doll is for my children.	
I work out for an hour.	
My boyfriend works out for two hours every day.	
My girlfriend works out for two hours every day.	

SENTENCES	EXERCISE
This house is for mom.	
This house is for mom and dad.	
This book is for Jamie.	
These books are for Jamie.	
This cake is for everyone.	
This cake is not for everyone.	
I have lived in London for a long time.	
She has lived in Seoul for a long time.	
Jack has lived in Seoul for a long time.	

SENTENCES	EXERCISE	SENTENCES	EXERCISE
I will be in Paris for a week.		I was his wife for a while.	
		He was my husband for a while.	
I have studied English for 10 years.		I haven't seen my uncle for years.	
This bus is for Seoul.		This train is for Busan only.	
I will leave for home.		I will not leave for Japan.	
This train is for JFK airport.		This flight is bound for New York.	
		This train is bound for Daegu.	

during | against

~동안 | ~에 맞서서

이번 장에서는 전치사 'during'과 'against'를 써서 '~동안'과 '~에 맞서서'를 표현해봅시다.

'during'이라는 단어는 '~동안'이라는 뜻이므로 주로 시간적 개념과 함께 나옵니다. '방학 동안', '휴가 동안', '쉬는 동안', '학기 동안'이라는 표현을 할 때 자주 사용합니다.

'against'라는 단어는 '~에 맞서서'라는 뜻으로 '~에 대항하여' 또는 '~에 저항하여'라는 부정적인 의미로도 사용하고, 단순히 '벽에 기대어'라는 표현에도 사용할 수 있습니다.

다음 표를 보고 한글로 뜻이 나와 있지 않은 부분은 사전을 찾아 의미를 채워 넣어봅시다. 빈칸에는 방금 배운 구를 사용하여 영작해보거나 예문을 기입하면 됩니다. 명사 편과 마찬가지로 자유롭게 채워 넣으면 됩니다. 전치사는 항상 함께 다니는 명사가 있으니 함께 나오는 명사까지 통째로 암기합니다.

EXPRESSIONS	EXERCISE	EXPRESSIONS	EXERCISE
during the interview 인터뷰 동안		**during the morning** 아침시간 동안	
		during the day 하루 동안(그날 동안)	
		during the 1990s	
during(the) spring 봄에, 봄 동안에		**during(the) summer** 여름에, 여름 동안에	
during spring break 봄방학 동안		**during summer vacation**	
during(the) autumn		**during the trip** 여행하는 동안	
during(the) fall 가을에, 가을 동안에			
during(the) winter 겨울 동안에			
during winter break			

EXPRESSIONS	EXERCISE	EXPRESSIONS	EXERCISE
during the holidays 휴일 동안에		**during the performance** 공연 중에	
against the law 법에 어긋나는		**against the wall** 벽에(맞서서)	
against my advice 내 충고를 무시하고 **against my mother's advice**		**against the door** 문에(맞서서)	
against the death penalty 사형제에 반대하여		**against each other** 서로 맞서서	

during | against

앞서 배운 전치사 표현을 이용하여 간단한 문장을 배워봅시다. 각 문장의 뜻은 사전을 찾아보며 해석해봅시다. 비교적 간단한 문장이니 사전에 검색하면 곧바로 뜻을 찾아볼 수 있습니다.

SENTENCES	EXERCISE	SENTENCES	EXERCISE
She cried during the interview.		During the morning, I read a newspaper.	
He yelled during the interview.			
I can see many beautiful flowers during spring.		I go to the beach during summer.	
I go to Florida during spring break.			
We go on a picnic during fall.		During the trip, I met my wife.	
During the winter, I go skiing.		During the holidays, I go to see my parents.	

SENTENCES	EXERCISE	SENTENCES	EXERCISE
They all wear skirts during the performance.		It is against the law to smoke in here.	
He was leaning against the wall.		He was leaning against the door.	
Against my mother's advice, I quit school.		I am against the death penalty.	
They fight against each other.			

from | to | from~until/from~to

~(로)부터 | ~(로)향해, ~에게 | ~부터 ~까지

이번 장에서는 전치사 'from'과 'to'를 써서 '~로부터', '~까지'를 표현해봅시다. 이 두 전치사는 쓰임이 굉장히 다양합니다.

'from'이라는 단어는 '(원천이나 근원)~로부터'라는 의미로 장소와 시간에 모두 사용할 수 있습니다. '여기에서', '미국에서', '버스 정류장에서', '이곳부터', '1980년도부터'라는 표현을 할 때 사용합니다.

'to'라는 단어는 '(어떤 지점을) 향해, ~로, ~에게, ~까지'라는 의미로 역시 장소나 시간 등에 모두 사용할 수 있습니다. '너에게', '할머니에게', '어머니에게', '아버지에게', '선생님에게', '그녀에게', '제주도에', '미국에', '5시까지', '2005년까지'라는 표현을 할 때 사용합니다.

위와 같은 의미를 가진 두 단어가 만나 'from-until/from-to'는 '~부터 ~까지'라는 뜻이 됩니다. 이 표현은 특정 지점 A에서 B까지의 거리를 말하거나 특정 시간이나 시대 A에서 B까지를 말할 때 자주 사용합니다.

다음 표를 보고 한글로 뜻이 나와 있지 않은 부분은 사전을 찾아 의미를 채워 넣어봅시다. 빈칸에는 방금 배운 구를 사용하여 영작해보거나 예문을 기입하면 됩니다. 명사 편과 마찬가지로 자유롭게 채워 넣으면 됩니다. 전치사는 항상 함께 다니는 명사가 있으니 함께 나오는 명사까지 통째로 암기합니다.

EXPRESSIONS	EXERCISE	EXPRESSIONS	EXERCISE
from the top 정상에서, 처음부터		**from my point of view** 내 입장에서, 내가 보기에는	
from you 너로부터(너에게서)		**from Paris**	
from your mom			
from 10 to 12		**from birth**	

EXPRESSIONS	EXERCISE	EXPRESSIONS	EXERCISE
from Korea		from tiredness	
from Italy			
to Africa 아프리카로		to the hospital	
to the station		to the party	
to you 너에게		to the right	
to her 그녀에게		to the left	
to Italy		to school 학교로(학교를 향해)	
to London			
from 9AM to 7PM		from Monday to Sunday	
from 9AM until 7PM		from Monday to Tuesday	
		from Monday to Friday	

from | to | from~until/from~to

앞서 배운 전치사 표현을 이용하여 간단한 문장을 배워봅시다. 각 문장의 뜻은 사전을 찾아보며 해석해봅시다. 비교적 간단한 문장이니 사전에 검색하면 곧바로 뜻을 찾아볼 수 있습니다.

SENTENCES	EXERCISE	SENTENCES	EXERCISE
The view from the top was beautiful.		From my point of view, this is a good car.	
Play it from the top one more time.			
This gift is from him.		I am from Paris.	
This gift is from your mom.		This package is from Paris.	
I am at the office from 9 to 5.		He was blind from birth.	
She was at the office from 10 to 6.		Maggie lived with her single mother from birth.	
They were at the bank from 2 to 4.			
I am from Korea.		I feel sick from tiredness.	
His family is from Italy.		She was ill from tiredness.	

SENTENCES	EXERCISE	SENTENCES	EXERCISE
We are flying to Africa.		Bill goes to the hospital.	
		I went to the hospital last week.	
I should go to the train station and wait for my mom.		I went to the party.	
		She went to the party.	
I sent flowers to her.		I moved to the right.	
Please pay attention to her.			
I showed some pictures to my mom.			
We are flying to London.		I go to school.	
I will go to Italy this weekend.		Where do you go to school?	
He works from 9 to 7.		The restaurant opens from Monday to Friday.	
		The hair salon opens from Tuesday to Sunday.	

with | without

~와 (함께) | ~없이

이번 장에서는 전치사 'with'와 'without'을 써서 '~와 함께', '~없이'를 표현해봅시다. **'with'**라는 단어는 주로 '~와 함께'라는 의미로 사용하지만 '~와 동시에', '~한 채', '~에 추가하여', ~로(도구 및 수단)' 등의 뜻으로 사용하는 경우도 있습니다. 문맥에 따라 다르게 해석하고 사용할 수 있으니 일일이 각 뜻에 해당하는 표현을 암기한다고 생각하는 것보다 평소에 'with'가 포함된 문장을 자주 보고 들으면서 익히도록 합니다.

'without'은 단순히 '~없이'라는 의미로 자주 사용합니다. 여러 다른 뜻으로 해석되지 않는 단어라 사용하기 편합니다.

아래 표를 보고 한글로 뜻이 나와 있지 않은 부분은 사전을 찾아 의미를 채워 넣어봅시다. 빈칸에는 방금 배운 구를 사용하여 영작해보거나 예문을 기입하면 됩니다. 명사 편과 마찬가지로 자유롭게 채워 넣으면 됩니다. 전치사는 항상 함께 다니는 명사가 있으니 함께 나오는 명사까지 통째로 암기합니다.

EXPRESSIONS	EXERCISE	EXPRESSIONS	EXERCISE
with girls 여자아이들과		**with this book** 이 책과 함께(이 책을 이용하여)	
with boys			
with some wine		**with mom**	
with you		**with his brother**	
with us		**with her sister**	
with them			

EXPRESSIONS	EXERCISE	EXPRESSIONS	EXERCISE
with my wife		with my parents	
with my husband		with his parents	
with a patient 환자와(함께)		with coffee	
with donuts		with a pencil	
without meat 고기없이		without him	
without me		without us	
without you		without them	
without her			
without oxygen 산소없이		without water	

with | without

앞서 배운 전치사 표현을 이용하여 간단한 문장을 배워봅시다. 각 문장의 뜻은 사전을 찾아보며 해석해봅시다. 비교적 간단한 문장이니 사전에 검색하면 곧바로 뜻을 찾아볼 수 있습니다.

SENTENCES	EXERCISE	SENTENCES	EXERCISE
I like hanging out with pretty girls.		I study math with this book.	
I like hanging out with handsome boys.			
I want steak with some wine.		I went to the zoo with my mom.	
Are you angry with me? 너(나한테) 화났어?		He was angry with all of you.	
She is angry with them.			
I go to the movies with my brother.		I went to the concert with my wife.	

SENTENCES	EXERCISE	SENTENCES	EXERCISE

Penny lives with her parents.

He is with a patient.

She is not with a patient.

I eat chocolate cake with coffee.

I drink coffee with donuts.

I write a letter with a pencil.

I wrote a letter with a pen.

I don't have meals without meat.

Don't go without me.

We went to New York without him.

Humans cannot survive without oxygen.

Plants cannot survive without water.

No one can survive without water.

along | beneath | through | as

~를 따라 | ~바로 밑에 | ~을 관통하여, 통하여 | ~로서(자격), ~처럼

이번 장에서는 전치사 'along', 'beneath', 'through'와 'as'를 사용해봅시다.

'along'은 '~를 따라'라는 의미로 사용하며 이 단어를 써서 '길을 따라', '생각을 따라', '스케줄에 따라' 등 여러 방식으로 표현할 수 있습니다.

'beneath'는 '~바로 밑에'라는 의미로 사용하며 물리적인 위치뿐 아니라 제품의 서비스나 동물의 지능, 사람의 수준을 말할 때도 사용합니다.

'through'는 '~를 통하여'라는 뜻으로 총알이 벽을 관통하는 장면을 연상하면 가장 와닿습니다. '터널을 통과하여', '공원을 통과하여', '밤새' 등과 같은 표현에 'through'를 사용하며 시간이나 공간 등 모든 상황에 사용합니다.

'as'는 '~(자격)으로서', '~처럼'이라는 뜻으로 사용합니다.

아래 표를 보고 한글로 뜻이 나와 있지 않은 부분은 사전을 찾아 의미를 채워 넣어봅시다. 빈칸에는 방금 배운 구를 사용하여 영작해보거나 예문을 기입하면 됩니다. 명사 편과 마찬가지로 자유롭게 채워 넣으면 됩니다. 전치사는 항상 함께 다니는 명사가 있으니 함께 나오는 명사까지 통째로 암기합니다.

EXPRESSIONS	EXERCISE	EXPRESSIONS	EXERCISE
along the road		**along the coast**	
along the roadside		**along the river**	
		along the beach	
along the path		**along the corridor** 복도를 따라	
along the way			
beneath the book 그 책 아래에		**beneath a pile of leaves**	
		***a pile of leaves**	

EXPRESSIONS	EXERCISE	EXPRESSIONS	EXERCISE
beneath a big tree		through the window	
through the wall 벽을(관)통하여		through the gate	
through the woods		as a poet 시인으로서 as a novelist	
as a friend		as a doctor	
as clowns		as a vase	

along | beneath | through | as

앞서 배운 전치사 표현을 이용하여 간단한 문장을 배워봅시다. 각 문장의 뜻은 사전을 찾아보며 해석해봅시다. 비교적 간단한 문장이니 사전에 검색하면 곧바로 뜻을 찾아볼 수 있습니다.

SENTENCES	EXERCISE	SENTENCES	EXERCISE
My dog and I walk along the road.		I like walking along the beach.	
She and I walked along the road.		She likes walking along the river.	
We used to walk along the road.			
There is a red car along the path.		A killer walked along the corridor.	
My phone is beneath the books.		There is a cat beneath a pile of leaves.	

SENTENCES	EXERCISE	SENTENCES	EXERCISE
We had a picnic beneath a large tree.		I could hear their conversation through the wall.	
They had a picnic beneath a large tree.		She heard their conversation through the wall.	
She had a picnic beneath a large tree.		I heard the conversation through the wall.	
I looked at the snow through the window.		Go through the gate.	
She looked down through the window.		The bus goes through that gate.	
I walked through the woods.		I like her as a poet.	
		I like him as a poet and as a novelist.	
Treat her as a friend.		I respect him as a doctor.	
As a friend, I need to tell you this.			
We were dressed as clowns.		You can use that glass as a vase.	
They were all dressed as clowns.			

쏙! 소속된 것을 말할 때 ~의

이번 장에서는 전치사 'of'를 사용하여 여러 표현을 배워봅시다. 'of'는 대다수 전치사와는 달리 매우 다양한 의미로 사용합니다. 사전을 찾아보면 《메리엄 웹스터 사전》 기준으로 총 15개의 의미가 있습니다. 'of'라는 단어 하나가 내포하고 있는 의미가 많은 만큼 문장에서 자주 등장하니 표현과 문장을 꼼꼼히 살펴보고 감을 익혀야 합니다. 한국어로 해석해보면 'of'는 '~의'라는 뜻으로 사용하며 '소속감'을 가지고 있는 두 물체나 사람 등을 나타낼 때 사용합니다.

예를 들어 다음 표의 첫 번째 칸을 보면 'the sleeve of the coat'라고 적혀 있습니다. 이 단어의 조합은 '그 코트의 소매'라는 뜻을 나타냅니다. '소매'는 코트에 소속되어 있기 때문에 코트'의' 소매를 말할 때 'of'를 사용하게 되는 거지요. 해석할 때는 'the sleeve(소매)'부터 한국어로 생각해보고, 그 뒤에 'of the coat(코트의)'를 해석하면 됩니다. 조합해보면 [소매, 코트의 = 코트의 소매]가 되겠네요.

다음 표를 보고 한글로 뜻이 나와 있지 않은 부분은 사전을 찾아 의미를 채워 넣어봅시다. 빈칸에는 방금 배운 구를 사용하여 영작해보거나 예문을 기입하면 됩니다. 명사 편과 마찬가지로 자유롭게 채워 넣으면 됩니다. 전치사는 항상 함께 다니는 명사가 있으니 함께 나오는 명사까지 통째로 암기합니다.

EXPRESSIONS	EXERCISE	EXPRESSIONS	EXERCISE
the sleeve of the coat 그 코트의 소매		**the trunk of the car** 그 차의 트렁크	
the edge of the chair 그 의자의 모서리		**the edge of the bed** 그 침대의 모서리	
the pocket of your blue jeans 네 청바지의 주머니		**many days of the week** 한 주의 여러 날	

EXPRESSIONS	EXERCISE	EXPRESSIONS	EXERCISE
the lid of the container 용기의 뚜껑		**a daughter of my friend** 내 친구의 딸	
the play of Shakespeare 셰익스피어의 연극		**a piece of cake** 케익 한 조각, 아주 쉬운 일	
a pair of scissors 가위 하나		**the animals of North America** 북아메리카의 동물들	
the name of the employee 그 직원의 이름		**a son of my friend** 내 친구의 아들	
the legs of this table 이 테이블의 다리(들)		**the color of your skin** 네 피부의 색	
the smell of that perfume 저 향수의 향기		**the taste of chocolate** 초콜릿의 맛	

of

앞서 배운 전치사 표현을 이용하여 간단한 문장을 배워봅시다. 각 문장의 뜻은 사전을 찾아보며 해석해봅시다. 비교적 간단한 문장이니 사전에 검색하면 곧바로 뜻을 찾아볼 수 있습니다.

SENTENCES	EXERCISE	SENTENCES	EXERCISE
Look at the sleeve of this coat.		There was nothing in the trunk of the car.	
Look at the sleeves of those coats.		There were dead people in the trunk of that car.	
The edge of the chair was too sharp.		He sat down on the edge of the bed.	
		Mary usually sits down on the edge of his bed.	
Is there anything in the pocket of your blue jeans?		I think there is nothing in the pocket of my blue jeans.	
My mom worked many days of the week.		Please hold the lid of the container.	
She used to work many days of the week.		He was holding the lid of the white container.	
He works many days of the week.			

SENTENCES	EXERCISE	SENTENCES	EXERCISE
She is a daughter of my friend.		I like the plays of Shakespeare.	
She is a daughter of his friend.		She doesn't like the plays of Shakespeare.	
		I am a big fan of Shakespeare.	
It was a piece of cake.		She has a pair of scissors.	
There is still a piece of cake on the table.		He is holding a pair of scissors.	
		She was holding a pair of scissors.	
I don't know any animals of North America.		Do you know all the names of your employees?	
These are the animals of North America.			
He is an only son of James.(외아들)		I painted all the legs of this table myself.	
She is an only daughter of Mary.		She helped me paint the legs of this table.	
I don't care about the color of your skin.		He remembered the smell of that perfume.	
She didn't care about the color of his skin.			
I almost forgot the taste of chocolate.			
I hate the bitter taste of chocolate.			

about

주변에 대해 말할 때 ~에 대해, 약, 대략

이번 장에서는 전치사 'about'을 사용하여 여러 표현을 배워봅시다. 'about'은 크게 세 가지 뜻이 있습니다. 앞으로 보게 될 책이나 많은 문장에서 'about'은 주로 다음 세 가지의 뜻을 나타냅니다.

(1) ~에 대해 : 너에 대해, 그녀에 대해, 이 이야기에 대해, 이 컴퓨터에 대해…라는 표현에 'about'을 쓸 수 있습니다.

(2) 약(대략) : 약 5달러, 약 10만 원, 약 1시간, 약 4kg, 약 1km… 라는 표현에 'about'을 쓸 수 있습니다.

그리고 walk(걷다) 등의 동사와 함께 쓰여서 **(3) 주변**이라는 뜻을 나타내는 경우도 있습니다.

다음 표를 보고 한글로 뜻이 나와 있지 않은 부분은 사전을 찾아 의미를 채워 넣어봅시다. 빈칸에는 방금 배운 구를 사용하여 영작해보거나 예문을 기입하면 됩니다. 명사 편과 마찬가지로 자유롭게 채워 넣으면 됩니다. 전치사는 항상 함께 다니는 명사가 있으니 함께 나오는 명사까지 통째로 암기합니다.

EXPRESSIONS	EXERCISE	EXPRESSIONS	EXERCISE
about you 너에 대해		**about Ancient Greece** 고대 그리스에 대해	
about this 이것에 대해 **about that** 저것에 대해		**about three miles** 약 3마일	
about five emails 약 다섯 개의 이메일		**about 30 minutes** 약 30분 **about 55 minutes** 약 55분	

EXPRESSIONS	EXERCISE	EXPRESSIONS	EXERCISE
about the painting 이 그림에 대해		**wander about** 정처없이 돌아다니다	
look about the room 방을 둘러보다		**walk about the city** 시내를 걸어다니다	
about Jack Jack에 대해		**about 35** 약 35(살)	
about 6 약 6(시)		**about the new restaurant** 새로운 레스토랑에 대해	
about books 책에 대해		**about homework** 숙제에 관해	
about five dollars 약 5달러		**about five bottles** 약 다섯 병	

about

앞서 배운 전치사 표현을 이용하여 간단한 문장을 배워봅시다. 각 문장의 뜻은 사전을 찾아보며 해석해봅시다. 비교적 간단한 문장이니 사전에 검색하면 곧바로 뜻을 찾아볼 수 있습니다.

SENTENCES	EXERCISE
I think about you.	
I think about you a lot.	
She thinks about you a lot.	
Do you think about me?	
Let's talk about this.	
Don't talk about this.	
I get about five emails every day.	
It takes about 30 minutes to cook.	
It takes about 30 minutes to go to school.	

SENTENCES	EXERCISE
We learned about Ancient Greece last week.	
I don't know anything about Ancient Greece.	
I run about three miles every day.	
He gets about fifty emails a week.	
Let's talk about the painting.	
Do you know anything about this painting?	

SENTENCES	EXERCISE	SENTENCES	EXERCISE
She wanders about the streets.		We looked about the room.	
The kids wandered about the town.		At first, she looked about the room.	
We used to walk about the city.		We talked about Jack for hours.	
		Do you know anything about Jack?	
She looks about 35.		I came home at about 6.	
He is about 35.			
We were talking about the new restaurant in town.		My teacher talked about the books of the month.	
		Please write a report about these books.	
Mrs.Brown says nothing about homework.		This chocolate was only about five dollars.	
I drink about five bottles of water a day.			

by

바로 곁에 있는 것을 말할 때 ~바로 옆에, ~까지, ~를 이용해서(의해서)

이번 장에서는 전치사 'by'를 사용하여 여러 표현을 배워봅시다. 'of'와 마찬가지로 'by'는 여러 가지 뜻으로 해석되므로 'by'가 쓰인 여러 종류의 표현을 보면서 의미를 익히도록 합니다. 'by'라는 단어는 여러 뜻이 있지만, 기본적으로 '바로 곁에 있는 것을 말할 때' 사용하는 전치사이며, 한국어로는 '~바로 옆에', ~까지', '~를 이용해서(의해서)' 등으로 해석됩니다.
다음 표를 보고 한글로 뜻이 나와 있지 않은 부분은 사전을 찾아 의미를 채워 넣어봅시다. 빈칸에는 방금 배운 구를 사용하여 영작해보거나 예문을 기입하면 됩니다. 명사 편과 마찬가지로 자유롭게 채워 넣으면 됩니다. 전치사는 항상 함께 다니는 명사가 있으니 함께 나오는 명사까지 통째로 암기합니다.

EXPRESSIONS	EXERCISE	EXPRESSIONS	EXERCISE
by car 차 타고(차를 탐으로써)		**by bus** 버스 타고(버스를 탐으로써)	
by taxi 택시 타고		**by train** 기차 타고	
by foot(on foot) 걸어서		**by bike** 자전거 타고	
by seven 7시까지		**by your arm** 팔 옆에	

EXPRESSIONS	EXERCISE	EXPRESSIONS	EXERCISE
What do you mean by that? 그 말 무슨 뜻이야?		**by my name** 내 이름으로	
books by Ernest Hemingway 어니스트 헤밍웨이의 책		**stand by someone** ~곁에 서 있다	
by fire 불 때문에 **by the fire** 난롯가에		**by hand** 손으로	

by

앞서 배운 전치사 표현을 이용하여 간단한 문장을 배워봅시다. 각 문장의 뜻은 사전을 찾아보며 해석해봅시다. 비교적 간단한 문장이니 사전에 검색하면 곧바로 뜻을 찾아볼 수 있습니다.

SENTENCES	EXERCISE	SENTENCES	EXERCISE
We will go by car.		I go to school by bus.	
She came here by car.		She goes to school by bus.	
		They go to school by bus.	
I went to the hospital by taxi.		We went to London by train.	
She went to the bank by taxi.		She goes there by train.	
I go to the gym by foot.		I got here by bike.	
He went on foot into the forest.		She goes to school by bike.	
Be here by seven tomorrow.		Will you be here by tonight?	

SENTENCES	EXERCISE	SENTENCES	EXERCISE
There are books by your arm.		What do you mean by that?	
He calls me by my last name.		He owned a few books by Ernest Hemingway.	
He used to call her by her nickname.			
He stood by me quietly.		The building was destroyed by fire.	
He stood by me through everything.		I was sitting by the fire.	
I made this sculpture by hand.			

전치사를 마무리하며

Q. 전치사는 어떻게 공부해야 할까요? 너무 헷갈려요!

A. 전치사 편 초기에 배운 'in'이라는 전치사 혹시 기억하시나요? '쏙! 안에 있는(장소, 시간, 날짜) ~에'라는 의미의 전치사 'in'을 배운 적이 있을 겁니다. 전치사를 공부하는 학생들은 이 표현을 배우면 '장소 앞에는 in이 온다, ~앞에서는 ~가 온다'라고 대입식으로 암기하곤 합니다. 하지만 그렇게 단편적으로 암기하는 것은 지루할 뿐 아니라 **위험할 수 있습니다.**

책에서 'in my house'라는 표현을 보면 '장소'인 'my house(내 집)' 앞에 'in'이 온다고 생각할 수도 있지만 'at my house'라는 표현도 가능하기 때문에 무조건 '장소면 in을 쓴다', '무조건 A면 B이다'라는 식으로 암기하면 안 됩니다.

전치사는 쉽게 정복할 수 있는 부분이 아닙니다. 명사나 형용사 등은 한국어와 비교하여 쉽게 암기하고 학습할 수 있지만, 전치사는 관사와 마찬가지로 일종의 감(sense)이 필요한 파트입니다. 한국어로 똑같이 해석되는 부분인데 영어 전치사로는 여러 가지로 나타낼 수 있거나, 하나의 전치사 표현이 한국어로는 수십 개의 뜻을 내포하기도 합니다. 초등학교 때부터 영어를 배우기 시작해서 정규 교육과정(고등학교) 영어 과목을 열심히 공부한다고 해도 전치사 파트는 여전히 어려울 수 있습니다. 이렇게 한국어에 없는, 혹은 한국어로 설명이 장황해지는 분야는 공식처럼 암기하지 마시고 **예문을 많이 보셔야 합니다.**

✎ 한 줄 요약 : 전치사는 다의적으로 해석되지만, 함께 자주 사용하는 표현이 정해져 있는 편이니 일단 각 전치사의 '기본적인 의미'를 알아둔 다음 실제 책이나 드라마 등에서 표현을 익혀야 합니다. 전치사는 절대 공식으로 암기할 수 없을 정도로 다양한 녀석들과 조합하니 반드시 예문을 통해 학습하세요.

✎ 전치사 감을 늘리고 싶으신가요?
아래 코드에 접속하여 '그림으로' 전치사를 배워보세요.

1. 그림으로 배우는 전치사 교재(바독영 추천 교재)
《비밀은 전치사에 있다》(심재경, 넥서스, 2011. 4)

2. 그림으로 배우는 전치사 동영상 강의(7ESL Learning English 채널)

전치사와 관련된 간단한 법칙

전치사 편을 마치기 전에 전치사 뒤에는 명사만 올 수 있다는 간단한 법칙을 살펴보고 넘어갑시다. 전치사를 이미 학습한 적이 있다면 '전치사 뒤에는 명사만 올 수 있다'는 말이 익숙할 겁니다. 물론 처음 듣는 말이어도 괜찮습니다. 보통 문법 책이 '전치사 뒤에는 명사만 올 수 있다'라고 암기하라고 하지요. 하지만 이건 암기하지 않아도 쉽게 알 수 있습니다.

'~에, ~에서, ~뒤에, ~앞에, ~밑에, ~위에'라는 표현에서 어떤 단어가 저 물결표에 들어갈 수 있을까요? 예문을 몇 개 만들어볼게요.

1) 5시에, 파리바게트에서, 그 여자 뒤에, 저 책상 앞에, 발밑에, 책장 위에…

2) 두꺼운에, 예쁜에서, 빠른 뒤에, 맛있는 앞에, 향기로운 밑에, 어두운 위에…

1번에서는 '~에, ~에서' 등의 표현 앞에 명사를 넣어봤습니다. 그리고 2번에는 형용사나 부사를 넣어봤습니다. 왜 전치사 뒤에 명사만 올 수 있는지… 더 설명하지 않아도 아시겠지요?

VERBS

동사

13인의아해가도로로질주하오.
(길은막다른골목이적당하오)
제1의아해가무섭다고그리오.
제2의아해도무섭다고그리오.
제3의아해도무섭다고그리오.
제4의아해도무섭다고그리오.
…

—이상, 〈오감도 시제 1호〉 중에서

동사, 들어가기에 앞서

동사란 기본적으로 **움직임**을 나타내는 품사입니다.

13인의아해가도로로질주하오 /(길은막다른골목이적당하오) / 제1의아해가무섭다고그리오/ …
- 이상, <오감도 시제 1호> 중에서

위의 시에서 보이는 '질주하오'라는 표현이 바로 동사입니다. '달리다run', '때리다hit', '넘어지다fall', '구르다roll', '색칠하다color' 등 동작을 나타내는 표현은 모두 동사입니다. 또한 동사는 움직임을 나타내는 표현 이외에도 기능이 하나 더 있습니다. '무엇무엇이 어떠어떠하다'라고 상태를 나타낼 때도 동사를 사용합니다. '무섭다고그리오' = '무섭다고 그러네요'라는 말에서 '무서워하다'라는 건 상태를 나타내는 동사이고, '그러네요'는 '그렇게 말하다'라는 동작을 나타내는 동사입니다.

동사는 **문장에서 필수적인 요소**입니다. 명사가 아무리 많이 있어도 동사가 있어야 이야기를 엮을 수 있습니다. '나', '집', '강아지', '잔디'라는 단어 4개만 가지고는 문장을 만들 수 없습니다. '함께 산다' 혹은 '매일 논다'라는 동사가 있어야 문장을 만들 수 있습니다.

나의 상태에 대해 말하는 동사

'am' 나는

이미 앞선 내용에서 'am'이라는 동사를 본 적이 있을 겁니다. 이 단어가 어떤 뜻인지 따로 떼어내서 배우지는 않았지만 여러 번 등장한 친근한 녀석입니다. 'am'은 '나의 상태'에 대해 말하는 동사입니다.

* 다음 문장을 영작해보세요.
  (1) 나는 화가 났다.
  (2) 나는 배가 고프다.
  (3) 나는 잘생겼다.
  (4) 나는 예쁘다.
  (5) 나는 학생이다.
  (6) 나는 간호사다.
  (7) 나는 선생님이다.
  (8) 나는 의사다.
  (9) 나는 과학자다.

* 위 문장을 영어로 말해보면 다음과 같습니다.
  (1) 나는 화가 났다. **I am angry.**
  (2) 나는 배가 고프다. **I am hungry.**
  (3) 나는 잘생겼다. **I am handsome.**
  (4) 나는 예쁘다. **I am pretty.**
  (5) 나는 학생이다. **I am a student.('a'를 잊지 마세요.)**
  (6) 나는 간호사다. **I am a nurse.**
  (7) 나는 선생님이다. **I am a teacher.**
  (8) 나는 의사다. **I am a doctor.**
  (9) 나는 과학자다. **I am a scientist.**

✐ 'am'은 주어가 '나'일 때만 사용합니다.
✐ 주어 : 동작을 하는 주인공을 말합니다. 여기서는 'I'가 주어입니다.

'너' 또는 '다른 사람들'의 상태에 대해 말하는 동사

'are' 너는

이 단어는 '나'의 상태가 아닌 '너' 혹은 '다른 사람들(혹은 물건들)'의 상태를 말하는 단어입니다.

1) You는 'are'와 함께 다닙니다.

* 다음 문장을 영작해보세요.

(1) 너는 화가 났다.(너 화가 났구나)
(2) 너는 배가 고프다.(너 배 고픈가 봐)
(3) 너는 잘생겼다.
(4) 너는 예쁘다.
(5) 너는 학생이다.
(6) 너는 선생님이다.
(7) 너는 변호사다.

* 위 문장을 영어로 말해보면 다음과 같습니다.

(1) 너는 화가 났다.(너 화가 났구나) **You are angry.**
(2) 너는 배가 고프다.(너 배 고픈가 봐) **You are hungry.**
(3) 너는 잘생겼다. **You are handsome.**
(4) 너는 예쁘다. **You are pretty.**
(5) 너는 학생이다. **You are a student.**
(6) 너는 선생님이다. **You are a teacher.**
(7) 너는 변호사다. **You are a lawyer.**

2) 'You'뿐 아니라 'We(우리들)', 'They(그들)', 'People(사람들)', 'Bikes(자전거들)' 등도 'are'와 함께 다닙니다.

* 다음 문장을 영작해보세요.
(1) 우리는 배가 고프다.
(2) 우리는 모두 잘생겼다.
(3) 우리는 모두 예쁘다.
(4) 우리는 모두 학생이다.
(5) 우리는 모두 선생님이다.
(6) 우리는 모두 여기에 있다.

* 위 문장을 영어로 말해보면 다음과 같습니다.
(1) 우리는 배가 고프다. **We are hungry.**
(2) 우리는 모두 잘생겼다. **We are(all) handsome.**
(3) 우리는 모두 예쁘다. **We are(all) pretty.**
(4) 우리는 모두 학생이다. **We are(all) students.**
(5) 우리는 모두 선생님이다. **We are(all) teachers.**
(6) 우리는 모두 여기에 있다. **We are(all) here.**

* 다음 문장을 영작해보세요.
(1) 그들은 나쁘다.(악하다)
(2) 그들은 착하다.
(3) 그들은 조그맣다.(키나 덩치가 작다)
(4) 그들은 화가 났다.
(5) 그들은 의사다.
(6) 그들은 과학자다.
(7) 그들은 로봇이다.

* 위 문장을 영어로 말해보면 다음과 같습니다.
(1) 그들은 나쁘다.(악하다) **They are evil.**
(2) 그들은 착하다. **They are nice.**
(3) 그들은 조그맣다.(키나 덩치가 작다) **They are little.**
(4) 그들은 화가 났다. **They are angry.**
(5) 그들은 의사다. **They are doctors.**
(6) 그들은 과학자다. **They are scientists.**
(7) 그들은 로봇이다. **They are robots.**

* 다음 문장을 영작해보세요.

(1) 사람들은 똑똑하다.

(2) 사람들은 멍청하다.

(3) 사람들은 착하다.

(4) 이 자전거는 빨간색이다.

(5) 이 자전거는 파란색이다.

(6) 자전거는 오토바이가 아니다.

(7) 이 자전거는 예쁘다.

* 위 문장을 영어로 말해보면 다음과 같습니다.

(1) 사람들은 똑똑하다. **People are smart.**

(2) 사람들은 멍청하다. **People are dumb.(stupid)**

(3) 사람들은 착하다. **People are nice.**

(4) 이 자전거는 빨간색이다. **This bike is red.**

(5) 이 자전거는 파란색이다. **This bike is blue.**

(6) 자전거는 오토바이가 아니다. **Bikes are not motorcycles.**

(7) 이 자전거는 예쁘다. **This bike is pretty.**

✐ 위 예문에서는 복수 명사의 예시로 people과 bikes가 나옵니다. 그러나 people과 bikes뿐 아니라 다른 복수 명사도 'are'과 함께 다닙니다.

Pencils are long.

Computers are heavy.

Erasers are white.

Books are interesting.

Calculators are accurate.

Mothers are wise.

Fathers are brave.

Sweaters are warm.

Pebbles are round.

Thieves are bad.

Dentists are scary.

✐ 'are'은 주어가 복수 명사 you(너), you(너희들), we, they, people, things…일 때 사용합니다.

'그녀', '그' 또는 사물의 상태에 대해 말하는 동사

'is' 그는, 그녀는

이번에는 '그'나 '그녀'의 상태에 대해 말해봅시다.

* 다음 문장을 영작해보세요.

(1) 그녀는 화가 났다.
(2) 그녀는 배가 고프다.
(3) 그녀는 학생이다.
(4) 그녀는 잘생겼다.
(5) 그녀는 예쁘다.
(6) 그는 화가 났다.
(7) 그는 배가 고프다.
(8) 그는 학생이다.
(9) 그는 잘생겼다.
(10) 그는 예쁘다.

* 위 문장을 영어로 말해보면 다음과 같습니다.

(1) 그녀는 화가 났다. **She is angry.**
(2) 그녀는 배가 고프다. **She is hungry.**
(3) 그녀는 학생이다. **She is a student.**
(4) 그녀는 잘생겼다. **She is handsome.**
(5) 그녀는 예쁘다. **She is pretty.**
(6) 그는 화가 났다. **He is angry.**
(7) 그는 배가 고프다. **He is hungry.**
(8) 그는 학생이다. **He is a student.**
(9) 그는 잘생겼다. **He is handsome.**
(10) 그는 예쁘다. **He is pretty.**

✐ My new phone(단수 명사) 또는 chair(단수 명사) 역시 'is'와 함께 다닙니다.

* 다음 문장을 영작해보세요.
(1) 내 새 핸드폰은 무겁다.
(2) 내 새 핸드폰은 작다.
(3) 내 새 핸드폰은 좋다.(멋지다)
(4) 이 의자는 부드럽다.(폭신하다)
(5) 이 의자는 비싸다.
(6) 이 의자는 갈색이다.

* 위 문장을 영어로 말해보면 다음과 같습니다.
(1) 내 새 핸드폰은 무겁다. **My new phone is heavy.**
(2) 내 새 핸드폰은 작다. **My new phone is small.**
(3) 내 새 핸드폰은 좋다.(멋지다) **My new phone is great.**
(4) 이 의자는 부드럽다.(폭신하다) **This chair is soft.**
(5) 이 의자는 비싸다. **This chair is expensive.**
(6) 이 의자는 갈색이다. **This chair is brown.**

✐ 여기서는 단수 명사의 예시로 my new phone과 chair가 등장합니다. 그러나 my new phone과 chair 뿐 아니라 다른 단수 명사들도 'is'와 함께 다닙니다.
Sugar is sweet.
Salt is salty.
My new cat is adorable.
Her new car is fancy.
This new book is really thick.
This painting is interesting.
That building is tall.

✐ 'is'는 주어가 단수 명사 he, she, a man, a woman, a dog, a cat…일 때 사용합니다.

Let's wrap it up!

지금까지 'am', 'is', 'are'가 어떤 주어와 함께 오는지 정리해봤습니다.

am : 주어가 '나'일 때만 사용
is : 주어가 단수 명사 he, she, a man, a woman, a dog, a cat…일 때 사용
are : 주어가 복수 명사 you(너), you(너희들), we, they, people, things…일 때 사용

법칙은 이렇게 세 줄입니다.

그러나 이렇게 법칙만 암기하는 건 별로 소용이 없습니다. 예를 들어 Guns(총들)가 주어인 문장을 말하고 싶다고 생각해봅시다.

Guns am…?
Guns is…?
Guns are…?

영어 초보자는 'guns는 복수 명사니까 복수 동사인 are가 와야겠네'라고 곰곰이 생각해서 'Guns are'라고 말합니다. 그러나 영어 문장을 많이 본 사람은 'Guns are'라는 문장을 익숙하다 느끼고 'Guns is'나 'Guns am'은 어색하고 이상하게 들린다고 생각할 겁니다. 그래서 자주 듣고 봤던 문장인 'Guns are…'라고 자연스럽게 문장을 시작하는 겁니다. 따라서 **법칙은 알고만 있고, 법칙을 대입해서 문장을 만든다는 생각은 버리셔야 합니다.** 문장부터 최대한 많이 접한 후에 법칙을 배우면서 '아, 그래서 Guns are…이었구나'라고 이해하면 됩니다.

동사 편 사용법

이 책을 성공적으로 끝내려면 학습자의 적극적인 참여가 필요합니다. 교재의 동사 편은 기본적으로 동사 단어와 그림, 영어로 된 문장이 포함되어 있습니다.

동사 단어 아래에 먼저 단어의 의미를 적습니다. 의미를 모르는 경우 사전의 도움을 받아 보세요.

옆에 적힌 문장 역시 의미를 적어봅니다. 그리고 문장을 크게 읽어보며 통째로 암기해봅시다. 발음을 잘 모른다면 바른독학영어 퀴즈렛 클래스에 참여해보세요. 비교적 짧은 문장이므로 몇 번만 읽으면 금방 입에 익을 겁니다. 읽는 동안 'a'나 '-s' 발음을 빼지 않고 잘 읽어야 하고, 물음표가 있는 문장은 끝을 올려서 읽습니다.

MEANING	EXERCISE
taste	The wine tasted of orange.
	This water tastes like lemon.
	She tasted the cake.
	It tastes sour.
blame	I blame you.
	She blames me.
	I blame your brother.
	You can't really blame her for not telling you.

여러 가지
동사 학습하기

MEANING	EXERCISE
go	There she goes.
	She goes to school every day.
	She went to church yesterday.
	Will you go there?
come	Please come home.
	Don't come here.
	She came quietly into the cave.
	Mary will come soon.
listen	Listen to me.
	Nobody listened to her.
	You didn't listen to me.
	Sorry, I wasn't listening.

MEANING	EXERCISE
taste	The wine tasted of orange.
	This water tastes like lemon.
	She tasted the cake.
	It tastes sour.
blame	I blame you.
	She blames me.
	I blame your brother.
	You can't really blame her for not telling you.
smell	His breath smelt of alcohol.
	This house smells like mold.
	That coffee smells really good.
	Maggie stopped and smelled the flowers.
hear	Did you hear that?
	I can't hear you.
	I heard him leave.
	I don't hear anything.

MEANING	EXERCISE
see	Did you see that? He looked out of the window and saw her. Mary will never see again. We are going to see a movie.
feel	I feel sorry for her. I am not feeling well. He felt betrayed. He couldn't feel his arms.
touch	Don't touch anything in this room! I touched him on the arm. Do not touch my things. They touched the snake with sticks.
run	How fast can she run? He ran away a long time ago. Can she run as fast as Maggie? Tom had to run to catch the train.

MEANING	EXERCISE
walk	My niece is just learning to walk.
	She walked out of the room.
	I can walk now.
	She had to walk home.
do	Did you do it?
	I didn't do it.
	She doesn't like talking about it.
	I do like it.
turn	Maggie turned the key and opened the gate.
	I slowly turned the steering wheel.
	Mary turns and walks away.
	Turn right at the next intersection.
twist	He twisted his ankle playing soccer.
	Tom twisted the wire twice.
	He twisted the balloon into the shape of a dog.
	She twisted my arm again and again.

MEANING	EXERCISE
shout	There's no need to shout at her.
	Mom shouted at me when I broke her favorite vase.
	She shouted for help but nobody came.
	He never shouts or loses his temper.
jump	My cat jumped on the table.
	My cat jumped off the table.
	The cat jumped on the mouse.
	Kids were jumping around in the park.
laugh	Christina always makes me laugh.
	What are you laughing about?
	I couldn't stop laughing.
	Everyone was laughing at him.
cry	He cried himself to sleep.
	It's okay. Don't cry.
	Suddenly, Maggie started to cry.
	She always cried herself to sleep.

MEANING	EXERCISE
play	It rained, so he had to play inside yesterday.
	Kids are playing in the yard.
	Did you play any sports in college?
	There's a time to study and a time to play.
swim	I don't know how to swim.
	Ted swam across the stream.
	I can't swim.
	She goes swimming twice a week.
color	I love to draw and color.
	She drew a tree trunk and colored it brown.
	Did you color your hair?
	He colored the sky blue.
draw	She draws better than him.
	Tommy drew a beautiful house.
	Tommy drew a circle in the sand.
	Mia drew me a picture of a mountain.

MEANING	EXERCISE
build	He built a house by himself. The house was built last year. I built a model car from a kit. I love to build model cars from kits.
create	Some people believe that God created Earth. Many people believed that God created Earth. She creates beautiful paintings. The government is planning to create new jobs.
read	Can you read music? She reads a lot of murder mysteries. They like to read. Please read from page 10 through page 40.
write	She wrote hundreds of letters. He writes articles for the school newspaper. Did you write him a letter? He wrote several gaming programs.

MEANING	EXERCISE
sing	Mary sings beautifully. Penny sang softly to Sheldon. I can dance and sing. We all sang the national anthem.
tell	Please tell me your first and last name. He told us one of the famous bedtime stories. If you see her, tell her I miss her. Please don't tell on me.
paint	He painted the house blue. We're going to paint the living room pink. I painted the portrait of my mother. Harry paints well.
lie	Lie still. They lay asleep on the sofa. Maison lay dead on the floor. The doctor asked him to lie down.

MEANING	EXERCISE
lie	Why did you lie?
	I can't believe you lied to me.
	She was lying when she told you that she ate nothing yesterday.
cut	Please cut the paper along the line.
	You need to cut some wood first.
	I cut myself while shaving.
	Hey, this knife doesn't really cut well.

진도가 모두 끝났습니다. 이제 어떻게 공부해야 할까요?

나혼영<순한맛>은 '원서 읽기' 또는 '미드나 영화로 영어 공부' 등 여러 가지 리소스를 활용한 중급 과정에 대비하기 위한 선행 강의 자료입니다. 이제 초보 딱지를 뗄 순간이 다가왔습니다. 다음 안내 사항을 참고하여 영어 공부를 이어 나가 보세요.

1. 원서 읽기

언어 실력을 높이기 위해서는 그 언어로 적힌 흥미로운 책을 많이 읽어야 합니다. 단순히 영어로 쓰인 책이나 유명한 원서가 아니라 내가 느끼기에 '흥미로운 이야기'여야 합니다. 아주 재미있어서 시간가는 줄 모르고 몰입할 수 있는 책을 자주 만나면 영어 실력이 빨리 상승할 수 있습니다. 이제 막 초보를 벗어난 학습자라면 유명한 책이나 상을 받은 책보다는 내가 읽을 수 있는 책, 그리고 흥미로운 이야기를 담은 책을 골라야 합니다. 책의 미리보기 서비스를 통해 직접 읽어본 후 선택하도록 합니다.

원서를 처음 읽는다면 다음 도서를 추천합니다.

(1) 옥스퍼드 북웜 시리즈 Oxford Bookworms Series

QR 코드: https://elt.oup.com/catalogue/items/global/graded_readers/oxford_bookworms_library/?cc=kr&selLanguage=ko&mode=hub

국내에서도 유명한 옥스퍼드 출판사의 영어 읽기 교재 시리즈입니다. 총 7개 레벨로 구성되어 있으며 각 레벨마다 약 15~30권이 출간되어 있습니다. 옥스퍼드 출판사에서 직접 만든 이야기뿐 아니라 기존에 출간되어 있는 클래식 도서를 쉬운 버전으로 수정한 버전도 많이 포함되어 있습니다.

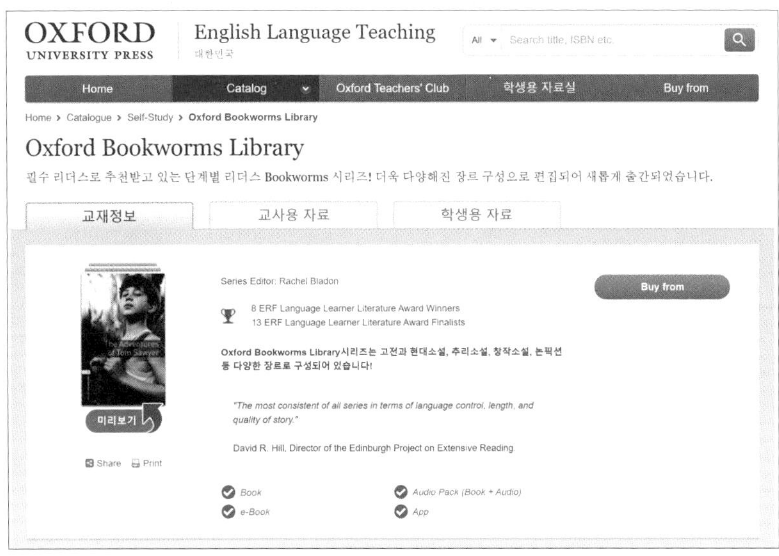

QR 코드를 통해 홈페이지에 접속하면 도서 이미지 아래에 '미리보기' 버튼이 있어 내용을 미리 살펴볼 수 있습니다. 가장 쉬운 레벨인 <starter 레벨>은 본 도서를 모두 학습한 후 바로 읽을 수 있는 정도의 수준입니다.

✎ 옥스퍼드 도서 뒤에는 독서 전, 또는 독서 후 활동이 포함되어 있습니다. 'Activities'에 대한 정답을 알고 싶으신 분은 아래 사이트에 접속하셔서 'teacher'로 가입하신 후 이용할 수 있습니다.

QR 코드: https://elt.oup.com/teachers/bookworms/downloads/?mode=hub&cc=kr&selLanguage=ko

많은 학생들이 원서 읽기는 무조건 '어렵다'는 인식을 갖고 있습니다. 하지만 옥스퍼드와 같은 학습서 시리즈는 사전과 번역기를 이용해서 큰 무리없이 단계별로 읽어나갈 수 있습니다. <starter 레벨>에는 앞의 이미지에서 보는 바와 같이 만화로 된 도서, 또는 범인을 잡는 미스터리 도서 등 흥미 위주의 도서를 많이 찾아볼 수 있습니다.

(2) 펭귄 리더스 시리즈 Penguin Readers

총 8개 레벨로 구성되어 있으며 각 레벨마다 5~10권이 출간되어 있습니다. 옥스퍼드 북웜과 마찬가지로 이미 출판되어 있는 클래식이나 성인용 도서를 쉬운 버전으로 축약 및 수정한 버전을 많이 찾아볼 수 있습니다. 아래 이미지에서 평소 읽고 싶었던 도서가 있는지 확인해보고, 펭귄 리더스 버전으로 먼저 읽어보도록 합니다.

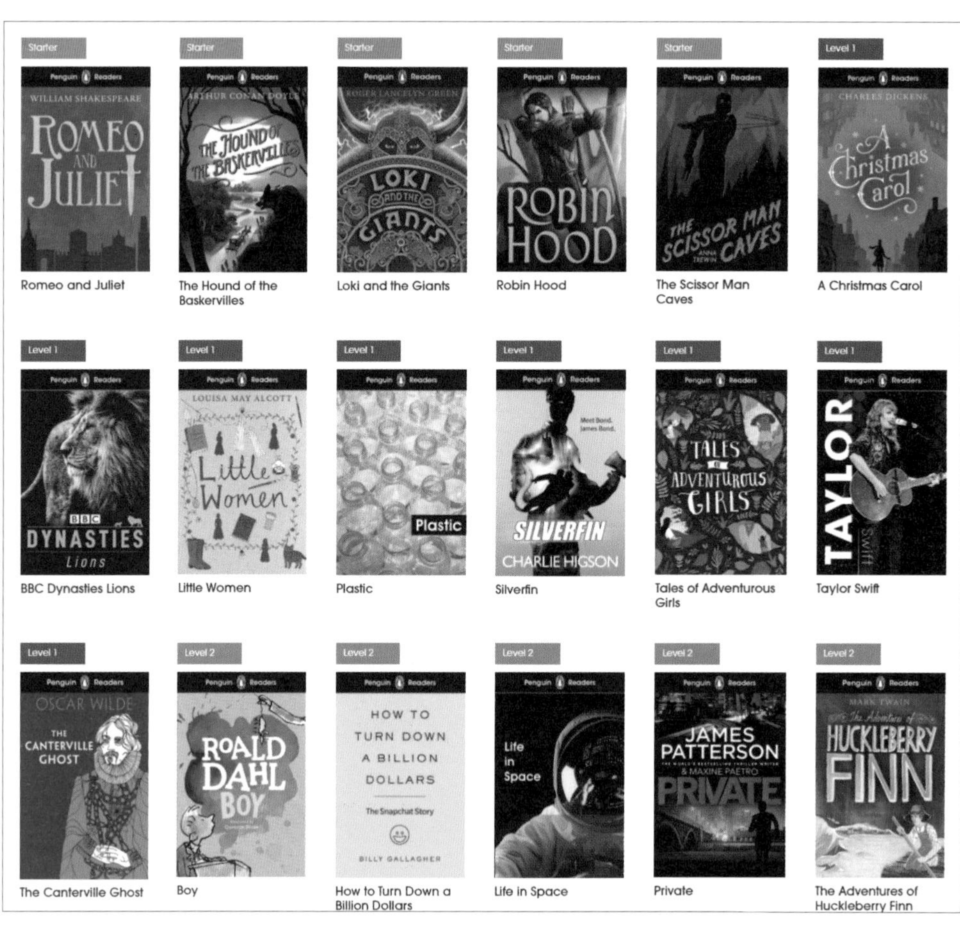

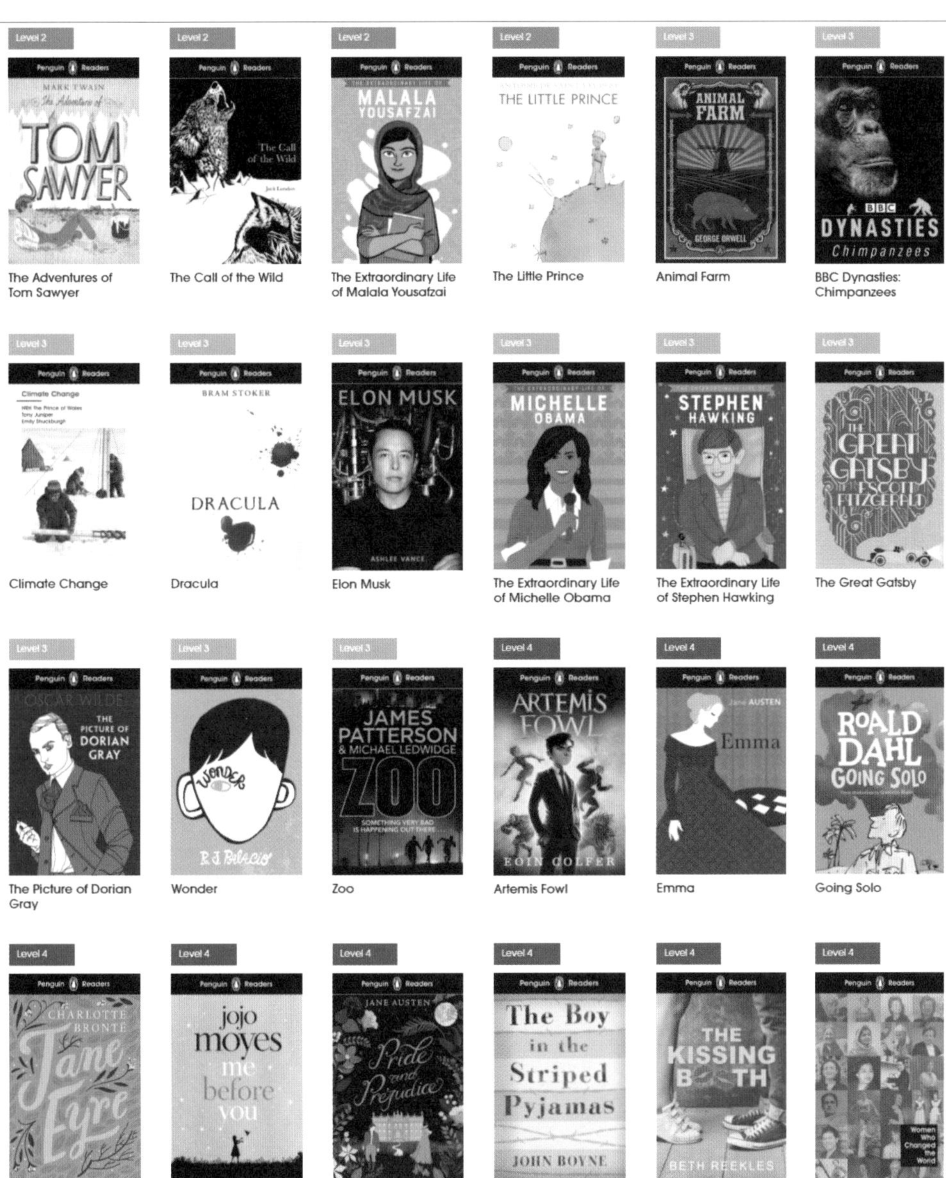
Level 2
The Adventures of Tom Sawyer
Level 2
The Call of the Wild
Level 2
The Extraordinary Life of Malala Yousafzai
Level 2
The Little Prince
Level 3
Animal Farm
Level 3
BBC Dynasties: Chimpanzees
Level 3
Climate Change
Level 3
Dracula
Level 3
Elon Musk
Level 3
The Extraordinary Life of Michelle Obama
Level 3
The Extraordinary Life of Stephen Hawking
Level 3
The Great Gatsby
Level 3
The Picture of Dorian Gray
Level 3
Wonder
Level 3
Zoo
Level 4
Artemis Fowl
Level 4
Emma
Level 4
Going Solo
Level 4
Jane Eyre
Level 4
Me Before You
Level 4
Pride and Prejudice
Level 4
The Boy in Striped Pyjamas
Level 4
The Kissing Booth
Level 4
Women Who Changed the World

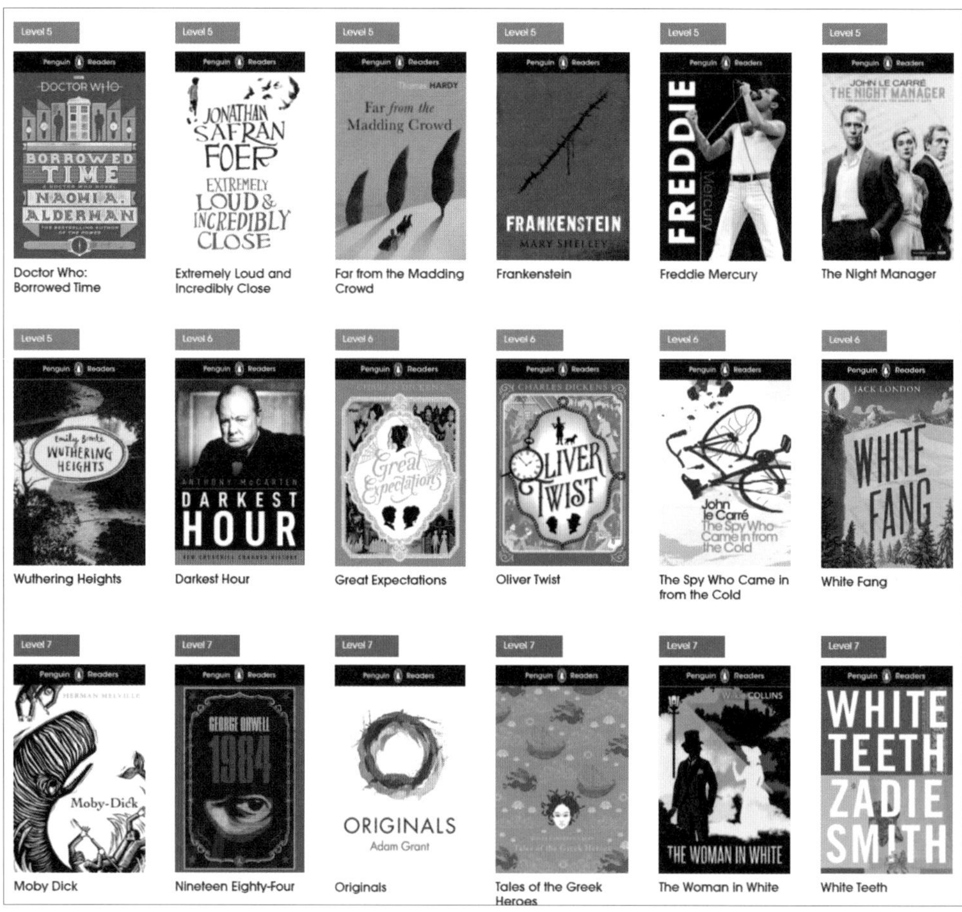

2. 드라마/영화 쉐도잉(따라 읽기) 연습하기

평소에 미국, 영국, 캐나다 등 영어권 국가에서 제작한 드라마나 영화를 즐겨보신다면 마음에 드는 작품을 선택하여 영어 공부에 활용하실 수 있습니다. 스크립트를 활용한 쉐도잉을 해보셔도 좋고, 영화나 드라마를 바탕으로 한 도서(스크린영어사, 길벗이지톡 출판)를 이용하여 단어 공부 및 표현 학습을 하셔도 좋습니다. 쉐도잉을 위한 공부 과정은 다음 여섯 단계로 구성됩니다.

(1) 흥미로운 작품을 선정합니다.

(2) 영어 자막과 한글 자막이 제공되는 DVD 또는 파일을 구합니다.

(3) 처음부터 끝까지 작품을 1회 감상합니다.

(4) 검색 엔진(ex. 구글, 네이버 등) 또는 DVD 파일에서 대본(scripts) 또는 영어 자막을 확보합니다.

(5) 대본을 한 줄씩 꼼꼼히 살펴보며 모르는 단어나 표현, 발음 등을 학습합니다.

(6) 2회차 시청 시 미리 읽어 두었던 대본을 쉐도잉합니다.

미디어를 이용한 쉐도잉 학습법은 작품을 감상하고 스크립트를 해부하는 과정에서 읽기, 듣기, 말하기 능력까지 모두 향상시킬 수 있습니다. 학습자의 목표에 따라 표현이나 발음만 학습하거나, 단어까지 암기하거나, 혹은 스크립트를 모두 외우는 등 다양한 접근법을 취할 수 있습니다. 처음 스크립트 쉐도잉을 시작한다면 단어, 표현 및 대사를 모두 외우겠다고 마음을 먹어 재미있게 할 수 있는 공부를 다소 부담스럽게 만들지 않도록 주의해야 합니다. 영어가 익숙해지고 편해질 때까지는 최소 10년 이상이 소요되니 무엇보다 지루하지 않게 오래 공부를 지속할 수 있도록 공부 목표를 세우는 게 좋습니다.

✐ 특훈과 쉐도잉에 대한 내용은 두 번째 출간 도서인 《오늘 하루도 걱정 없이, 영어》 챕터 H에서도 자세히 설명하고 있습니다.

3. 일기 쓰기

지금까지 본 도서를 학습하는 동안 사전이나 검색을 통해 찾은 문장만을 적어서 책을 완성했다면, 이제 나의 생각과 감정, 의견 등을 글로 옮기는 연습을 해야 합니다. 제목은 '일기 쓰기'지만 반드시 하루에 있었던 일을 나열하는 보고서 형태의 일기일 필요는 없습니다. 책을 읽은 후 독후감을 써도 좋고, 친구와 나눈 이야기, 부모님 또는 지인과 나눈 대화를 다시 생각해보고 재구성하거나 의견을 추가해봐도 됩니다. 처음 글을 쓰기 시작해서 어떤 표현을 써야 할지 모르겠다면 하명옥 선생님의 《영어일기 표현사전》을 추천합니다. 일기뿐 아니라 영어 작문을 연습하는 초중급 학습자에게 많이 추천하고 있는 책 중 하나입니다. 한번쯤 궁금했던 표현, 내가 지금 당장 쓸 수 있는 표현이 많이 정리되어 있으니 영어 글쓰기를 처음 접하는 분들에게 큰 도움이 되리라 생각합니다.

✐ 영어로 글쓰기에 대한 내용은 두 번째 출간 도서인 《오늘 하루도 걱정 없이, 영어》 챕터 D에서도 자세히 설명하고 있습니다.

바른독학영어(바독영) 시리즈 1

나 혼자만 알고 싶은 영어책 순한 맛

초판 1쇄 발행 2020년 1월 7일
초판 6쇄 발행 2022년 12월 5일

지은이 피유진

대표 장선희 **총괄** 이영철
기획편집 이소정, 정시아, 한이슬, 현미나
마케팅 최의범, 임지윤, 강주영, 이동희, 김현진
디자인 김효숙, 최아영 **경영관리** 김유미
외주디자인 이창욱

펴낸곳 서사원 **출판등록** 제2021-000194호
주소 서울특별시 영등포구 당산로54길 11 상가 301호
전화 02-898-8778 **팩스** 02-6008-1673
이메일 cr@seosawon.com
블로그 blog.naver.com/seosawon
페이스북 www.facebook.com/seosawon
인스타그램 www.instagram.com/seosawon

ISBN 979-11-90179-14-0 13740

서사원은 독자 여러분의 책에 관한 아이디어와 원고 투고를 설레는 마음으로 기다리고 있습니다. 책으로 엮기를 원하는 아이디어가 있는 분은 이메일 cr@seosawon.com으로 간단한 개요와 취지, 연락처 등을 보내주세요. 고민을 멈추고 실행해보세요. 꿈이 이루어집니다.